Kristine van Dooren

Das Lied meines Lebens

Autobiografie

Über die Autorin

Kristine van Dooren ist gebürtige Amerikanerin. Sie und ihr Mann Thomas kamen vor über 30 Jahren als Missionare nach Deutschland. Kristine ist die Mutter der „Van Dooren Sisters".

Kristine van Dooren

Das Lied meines Lebens

Autobiografie

Gerth Medien

Bibelstellen sind, soweit nicht anders angegeben,
aus der revidierten Elberfelder übernommen.

Darüber hinaus wurden die folgenden Bibelübersetzungen verwendet:

Die Gute Nachricht Bibel, revidierte Fassung,
durchgesehene Ausgabe in neuer Rechtschreibung,
© 2000 Deutsche Bibelgesellschaft, Stuttgart (GN)

Hoffnung für alle,
© 1986, 1996 International Bible Society,
Übersetzung, Herausgeber und Verlag: Brunnen Verlag, Basel und Gießen
(Hfa)

Lutherbibel, revidierter Text 1984,
durchgesehene Ausgabe in neuer Rechtschreibung,
© 1999 Deutsche Bibelgesellschaft, Stuttgart (L)

Best.-Nr. 816 108
ISBN 978-3-86591-108-7
1. Auflage 2007
Umschlaggestaltung: Hanni Plato
Übersetzt aus dem Amerikanischen von Naomi Appel, geb. van Dooren.

Titelfoto: Thomas van Dooren
Fotos im Innenteil: Privat/Kristine van Dooren
Bildseite „Das Musical“: Ralph Schumann
Autorenfoto Umschlagrückseite: Miriam van Dooren
Satz: Mirjam Kocherscheidt; Gerth Medien GmbH
Druck und Verarbeitung: GGP Media GmbH, Pößneck
Printed in Germany

In Erinnerung

an drei Männer, die mein Leben geformt haben:

Harold Goehner, mein Vater,
der mich immer ermutigte

Jim Durkin, mein Pastor,
der mir beibrachte, Jesus nachzufolgen
und die Bibel zu lieben

Thomas van Dooren, mein Ehemann
und bester Freund,
der mich durch sein Vorbild gelehrt hat,
Gott in allen Lebenslagen zu vertrauen

Dank

Ich möchte mich bei meiner Mutter, *Mary Goehner,* und meiner Schwiegermutter, *Nadja van Dooren,* für ihre Liebe, ihre Gebete und ihre Freundschaft über all die Jahre bedanken.

Ebenso möchte ich meinen Töchtern danken, die von Anfang an die Vision für dieses Buch geteilt und bei der Entstehung mitgeholfen haben:

Naomi für deine beispiellose Hingabe und Geduld bei der Übersetzung dieses Buches.

Esther für all die Telefonate und die vielen Stunden am Computer während deiner Besuche in München.

Lizzy für deinen Einsatz und Rat bezüglich meines Schreibstils, während ich die ersten Kapitel schrieb.

Miriam für den Spaß, den du daran hattest, meine Entwürfe zu lesen. Das gab mir den Mut weiterzumachen.

Debby für die vielen Stunden des Tippens bis spät in die Nacht hinein und für deine Ausdauer bei den alltäglichen Herausforderungen zu Hause.

Ihr sieben Frauen seid meine besten Freunde und euer aller Leben formen die Strophen vom „Lied meines Lebens“.

In Jesus Christus für immer in Liebe verbunden,
Kristine

1

An meine Kindheit im Kalifornien der 50er Jahre habe ich nur gute Erinnerungen. Die meisten denken bei Kalifornien wahrscheinlich sofort an ein Urlaubsparadies mit wunderschönen Stränden und viel Sonne, und das trifft es eigentlich auch ganz gut. Meine Eltern, Harold und Mary, hatten jedoch die *San Francisco Bay Area* als den Ort ausgewählt, an dem sie ihr Haus bauen und ihre drei Töchter großziehen wollten. In diesen Teilen Kaliforniens ist das Wetter sehr mild, und dank einer permanenten leichten Brise, die von der Bucht her weht, sind die Sommer im Vergleich zum heißen Süden immer sehr angenehm. Der Winter bescherte uns zwar immer frühmorgendlichen Nebel und hier und da Regen, aber nie Schnee. Doch im Sommer konnte man sich auf die Sonne immer verlassen. Es war völlig normal, dass wir Kinder ständig in Flip-Flops oder sogar barfuß herumliefen.

Von uns drei Töchtern bin ich die Älteste, gefolgt von meiner zwei Jahre jüngeren Schwester Teresa, und dann ist da schließlich noch unsere kleine Schwester Darla, die acht Jahre jünger ist als ich.

Wenn ich auf meine Kindheit zurückblicke, bin ich meinen Eltern sehr dankbar, dass sie meinen Schwestern und mir so viele Möglichkeiten geschenkt haben, die Schönheit Kaliforniens richtig zu genießen. Wann immer es möglich war, unternahmen sie etwas mit uns. Da wir nicht direkt am Meer lebten, machten unsere Eltern mit uns zum Beispiel regelmäßig Ausflüge zum nächsten Strand in Santa Cruz, ungefähr eine Autostunde von unserem Haus in San Lorenzo, einer Vorstadt von Hayward, entfernt. Wir konnten es immer kaum abwarten, in die kühlenden Wellen des Meeres einzutauchen, sobald wir einen schönen Platz für unsere Handtücher gefunden hatten. Aber am meisten freuten wir uns jedes Mal darauf, dass unsere Eltern anschließend mit uns zum *Boardwalk* gingen, einem Vergnügungspark, der direkt am Strand liegt. Die größte Attraktion dort war ein Karussell, aus dessen Sitzen man sich beim Drehen weit hinauslehnen musste, um einen silbernen Ring zu erwischen. Jedes Jahr machten wir einen neuen Familienurlaub wie zum Beispiel im Yosemite Nationalpark. Wenn man in den Park hineinfährt, ist man von riesigen Red-Wood-Bäumen und den schönsten Bergen umgeben. Es gibt dort einen uralten Baum, in dessen Stamm über dem Boden eine Durchfahrt gesägt worden ist, groß genug, dass ein Auto durchpasst. Durch diesen Baum fuhren wir immer, um zu unserem Campingplatz am Fluss zu gelangen.

Was mir auch großen Spaß machte, waren unsere Tagesausflüge über die Golden Gate Bridge nach San Francisco, bei denen natürlich eine Fahrt in den berühmten Straßenbahnen der Höhepunkt war. Ich erinnere mich auch gerne an die Zeiten als Teenager, in denen ich mit meinen Freunden immer wieder in die „City" fuhr, um Rockkonzerte zu erleben. Mein erstes großes Konzert, das ich als junges Mädchen ca. 1964 besuchte, waren natürlich die Beatles (damals im Candlestick Baseball Park). Da ich erst 14 Jahre alt war, musste mein Vater meine Freunde und mich hinfahren. Ich hatte alle Singles und Langspielplatten der Band, jede Zeitschrift und auch sonst jeden Fanartikel, den es überhaupt gab. Als der erste Beatlesfilm rauskam, campten meine Freundinnen und ich sogar ab 7:00 Uhr in der Früh vor dem Kino in Oakland, um als Erste in der Schlange Tickets zu ergattern.

All diese besonderen Ereignisse stärkten bei uns Mädchen die Zuversicht, dass wir geliebt und geborgen waren. Wir waren es gewohnt, dass Mom und Dad sich für uns Zeit nahmen und mit uns sprachen. Ihre Liebe hinterließ einen großen Eindruck auf mich und sollte mich auf meine eigene Rolle als Ehefrau und Mutter vorbereiten.

Eine andere Art Sonnenschein als den, den wir in Kalifornien sowieso gewohnt waren, brachte der christliche Glaube meiner Eltern – der Mittelpunkt ihres Lebens. Jeden Sonntag gingen wir in den Gottesdienst. Ich liebte viele der Kirchenlieder wie zum Beispiel „Schönster Herr Jesus".

Doch obwohl ich in meiner Kindheit ein so glückliches und schönes Leben hatte, hatte ich das Gefühl, dass mir etwas fehlte, was dazu führen sollte, dass ich ein paar Jahre später einen ganz anderen Weg einschlug.

2

Mit 14 begann meine Highschoolzeit. Mein Lieblingsfach war Kunst. Im Sportunterricht entdeckte ich meine Leidenschaft für Modern Dance (Ausdruckstanz). In dieser Klasse durfte ich sogar meiner Lehrerin als Assistentin zur Seite stehen und die jüngeren Schüler unterrichten.

Wir gingen damals als Familie in eine Methodistengemeinde, in der wir alle sehr engagiert waren. Die Baufirma meines Dads entwarf und baute das neue Kirchengebäude und meine Mom sang im Gemeindechor. Ich half beim Kindergottesdienst und bei der Kinderbetreuung mit. Irgendwann begann dann aber die Phase, in der ich keine Lust mehr hatte, mich jeden Sonntagmorgen besonders in Schale zu werfen. Schon in der Schule waren wir verpflichtet, Röcke zu tragen, aber das war immer noch sehr locker im Vergleich zu der „Kleiderordnung“, die damals in der Gemeinde üblich war.

Trotz aller Traditionen und Regeln innerhalb der Gemeinde, die mir teilweise sehr oberflächlich zu sein schienen, hatte ich einen aufrichtigen Glauben an Gott. Mit zwölf Jahren bekam ich von meinen Eltern eine wunderschöne eigene Bibel geschenkt, über die ich mich riesig freute. Sie war in weißes Leder eingebunden und auf der Vorderseite war mein Name eingraviert. Ich kann mich noch daran erinnern, wie enttäuscht ich war, dass sie keine Bilder hatte, weil ich selbst sehr gerne malte.

Auch fast alle meine Verwandten über die engere Familie hinaus waren Christen. Wenn wir zum Beispiel die Familie meines Dads in Washington State besuchten, gingen wir immer in ihre *German Congregational Church**, zusammen mit allen Tanten, Onkeln, Cousinen und Cousins. Mein Vater war der jüngste von elf Geschwistern. Seine Eltern waren beide deutschstämmig und sprachen noch Deutsch. Nachdem mein Opa Matthias verstorben war, nahmen mein Onkel und seine Familie Oma Mathilda bei sich auf. Ich erinnere mich noch sehr gut an ihr gemütliches Zimmer mit der altmodischen Tapete. Es hingen alte Bilder an ihrer Wand wie zum Beispiel das vom „Mahl des Herrn", ein Jesusbild oder eine Tafel mit dem Vaterunser.

Obwohl ich in dieser christlichen Umgebung aufwuchs, begann ich, je älter ich wurde, immer mehr das Interesse an der Gemeinde zu verlieren. Als Teenager interessierten mich viel mehr die neuesten Mode-Erscheinungen und Trends. Es gab damals eine Fernsehsendung aus Los Angeles, die sich *American Bandstand* nannte. In dieser Show wurden ständig neue Sänger und Bands vorgestellt und mit ihnen die neuesten Tanzschritte und

* Eine deutsche Gemeinde

Trends für die Jugend. In dieser Sendung lernte ich alles über die Beatles, The Mamas & The Papas und über andere angesagte Gruppen. Meine Freundinnen, meine Schwestern und ich schauten diese Sendung jeden Samstag, um die aktuellsten Tänze zu erlernen und modemäßig immer auf dem neuesten Stand zu sein. Ich ging auf jedes Konzert und Festival, und ich entwickelte mich – wie Tausende anderer junger Leute auch – immer mehr zu einem typischen Hippie mit allem, was dazugehörte. Wir wollten nur noch „Love and Peace“* und fingen an, die bürgerliche Institution infrage zu stellen. Während dieser Zeit fanden in den Straßen von San Francisco und in der berühmten Universitätsstadt Berkeley regelmäßig Demonstrationen gegen den Vietnamkrieg statt, doch das bekam ich nur am Rande mit. Die Einstellung dieser Bewegung spiegelte sich bei mir in erster Linie im Tragen von Ketten mit dem „Peace“-Zeichen und den auf Jacken und Jeans aufgemalten Blumen wieder.

Wie gesagt, hatte es mir besonders die Musik der Beatles angetan. Zunächst waren es einfach ihre Musik und die Show, was mich so an ihnen faszinierte, doch nach und nach rückten für mich immer mehr auch ihre Texte über ihre Erfahrungen mit Religion und Drogen in den Vordergrund. Ich sammelte alle Zeitschriften mit Fotos von den Beatles und hörte mir Interviews an, in denen sie von ihrem Besuch bei einem Guru in Indien berichteten. Sie sprachen darin von Liebe und Frieden für die ganze Welt. Die Beatles waren die Größten für mich und ich wollte genauso aussehen wie ihre wunderschönen Freundinnen in ihren indischen Saris und mit ihren

* Engl. für „Liebe und Frieden“

langen fließenden Haaren. In den darauffolgenden Jahren verfolgte ich aufmerksam Paul McCartneys Karriere, und ich fand es cool, dass er am Schluss eine Amerikanerin heiratete, die darüber hinaus auch noch Fotografin war. Immerhin hatte ich mittlerweile auch eine große Leidenschaft fürs Fotografieren entwickelt.

Die Philosophie der Beatles ging Hand in Hand mit der ganzen Hippiekultur, die in Kalifornien damals auf dem Vormarsch war. Ich war fasziniert von alldem und war besonders angezogen von der Idee, Gott mit Hilfe von Meditation und sogar anhand von Drogen zu finden.

In den Mittagspausen in der Schule machte ich es mir oft auf der Wiese vor dem Schulgebäude bequem und las die Bücher von Gandhi, Yogananda und Hermann Hesse. Die Traditionen der Schule oder der Kirche meiner Eltern interessierten mich mittlerweile überhaupt nicht mehr. Ich war auf der Suche nach dem Sinn des Lebens und nach Erfahrungen mit Gott. Leute wie die Beatles oder Timothy Leary predigten uns damals, dass Drogen es uns ermöglichen konnten, Gott und die übersinnliche beziehungsweise geistliche Welt hautnah zu erleben.

Mein Vater ging sogar einmal mit mir zu einer Zusammenkunft in Oakland, wo ein Guru, den auch die Beatles verehrten und unterstützen, über diese Themen sprach. Er vertrat die Lehre der Transcendental Meditation*, von der ich immer überzeugter war, dass sie der einzige und wahre Weg zu geistlicher Erkenntnis und Erleuchtung war. Der Guru hatte langes, verworrenes Haar, trug weiße Gewänder und saß mit überkreuzten Beinen

* transzendentale Meditation

auf der Bühne. Mein Dad hielt zwar nichts davon, doch er hörte sich immer geduldig meine großen neu gewonnen Weisheiten über das Leben an.

Ich fing an, in meinem Zimmer zu „Zen"-Musik* zu meditieren, und mit Hilfe eines Buches probierte ich immer neue Yoga-Übungen aus. Ich glaube, meine Mom war ziemlich genervt von dem Geruch der Räucherstäbchen, die ich dabei immer anzündete, aber sie versuchte immer, verständnisvoll zu sein. Bis spät in die Nacht hörte ich die Platten der Beatles und diverser anderer Rockbands rauf und runter. Anfangs handelte es sich bei den Liedern der Beatles einfach nur um schöne Melodien und harmlose Texte und sogar meiner Mom gefielen die Songs. Also ließ ich meine Zimmertür immer offen stehen, sodass die Musik durch das ganze Haus hallte. Doch mit der Zeit wurden die Texte immer mystischer, und sie trugen verstärkt die Botschaft, dass der Gebrauch von Marihuana das Höchste sei, und somit blieb meine Zimmertür dann eher geschlossen.

*

Im Jahr 1968 hatte ich mich bereits vollends der Hippiemode angepasst. Ich trug lange Kleider und lange Haare. Die Tage, in denen ich meine Haare mit dem Bügeleisen geglättet und Make-up getragen hatte, waren passé und ich lief ungeschminkt und mit meiner lockigen Haarpracht durch die Welt. Meine Schwester Teresa und ich verbrachten Stunden mit Nylonfaden und Nadel, um aus Glaskugeln und Muscheln unzäh-

* Zen = Versenkung

lige lange Ketten im Indianer-Stil herzustellen. Wir bastelten uns auch unsere eigenen Ohrringe aus Draht und Perlen. Außerdem gingen wir regelmäßig in die sogenannten Thrift Stores, die vergleichbar sind mit den Secondhand-Läden hier in Deutschland, nur dass sie viel größer und viel günstiger sind. Dort deckten wir uns mit Blusen, Häkeltischdecken, Tüchern aus Spitze und Ähnlichem ein, um uns daraus neue Kleider und Ponchos zu nähen. Meine Oma, die Schneiderin gewesen war, hatte mir einiges beigebracht, sodass ich Erfahrung im Nähen eigener Kleidung hatte und selbst aufwändige Brokatjacken, bodenlange Samtkleider und Schlaghosen in Lila und Blau fertigen konnte. In der Schule blieben die Konfrontationen nicht aus. Meine Freundin und ich hatten uns bodenlange „Grannyröcke" genäht und all unseren Mut zusammengenommen, um damit eines Tages in die Schule zu gehen. Prompt wurden wir mit einem Brief nach Hause geschickt mit der Begründung, dass lange Kleider in einer Schule nicht angemessen seien.

Ich war künstlerisch sehr vielseitig interessiert. Zum Beispiel arbeitete ich stundenlang an Ölportraits. Für die Acrylzeichnung vom Gesicht eines Mädchens im Regen gewann ich sogar einen regionalen Schülerwettbewerb. Nachdem ich viel Zeit damit verbrachte, zu malen und Portraits nach der Vorlage von Fotos zu zeichnen, entwickelte ich auch ein Interesse für Fotografie, und so wichen meine ursprünglichen Pläne, aufs Kunst-College zu gehen, immer mehr dem Wunsch, professionell fotografieren zu lernen. Als mein Schulabschluss immer näher rückte und mein Vater mich fragte, was ich mir zu diesem besonderen Anlass wünschte, entschied ich mich für eine 35-mm-Kamera. Ich nahm mir sogar vor, nach meinem Abschluss noch einen Sommerworkshop über Fotografie und Dunkelkammern an einer anderen Schule dranzuhängen.

Mein Dad ging mit mir zum nächsten Foto-Geschäft, um sich bei der Wahl meiner Kamera beraten zu lassen, und er hatte sichtlich Spaß dabei, Preise und Qualität zu vergleichen und zu verhandeln, bis ich schließlich mein Geschenk in den Händen hielt. Auf diese Weise zeigte er mir, dass er mich in meinen Ambitionen unterstützen wollte, und ich fühlte mich von ihm bestätigt.

Ich liebte den Kurs und die Projekte, die uns aufgetragen wurden. Ständig lief ich mit der Kamera in der Hand herum und machte Portraits von meinen Schwestern, Großeltern oder irgendwelchen Kindern auf dem Spielplatz.

Da ich im Sommerworkshop gelernt hatte, in einer Dunkelkammer zu arbeiten, entschied ich mich, mein schwer verdientes Geld zu investieren und das Zubehör für die Entwicklung von Schwarz-Weiß-Fotos zu kaufen.

Meine eigene Dunkelkammer.

Meine Mutter bot mir an, dafür ihre Wäschekammer zu nutzen, und mein Vater sägte große Holzplatten zurecht, mit denen ich die Fenster wunderbar verdunkeln konnte. Ich verbrachte viele lange Nächte in dem kleinen Raum, während die anderen schliefen, und morgens, wenn sie dann in die Küche kamen, konnten sie all meine Kunstwerke auf dem Tisch verteilt finden, wo ich die Abzüge zum Trocknen ausgebreitet hatte.

In dieser Zeit besuchte ich regelmäßig Rockkonzerte in der *Fillmore Hall,* einem berühmten Rock-Tanzpalast in

San Francisco. Dort traten Bands wie Jefferson Airplane oder The Greatful Dead auf, aber die Größen, auf die ich besonders stand, kamen aus England – zum Beispiel The Who, Led Zeppelin oder Jimi Hendrix.

Damals waren Rock-Konzerte noch nicht so groß und professionell wie heutzutage, der Eintritt war sehr niedrig und am Eingang gab es immer einen großen Bottich voll mit Gratisäpfeln für die Gäste. Es wurde das Gefühl vermittelt, dass wir alle eine „große Familie" sind, die alles – vom Essen bis hin zu Drogen – miteinander teilt. Der Raum war erfüllt von Marihuana-Geruch und bunte Wasser- und Ölprojektionen an der Wand trugen zur mystischen Atmosphäre bei. Die Bühne war klein und nicht einmal einen Meter hoch. Perfekt also für mich, um in der ersten Reihe zu stehen und Nahaufnahmen der Sänger zu schießen. Meine besten Shots – Farbdias von Jimi Hendrix in Aktion – verkaufte ich später auf dem Flohmarkt!

Natürlich fing ich bei diesen Konzerten auch an, mit Freunden Marihuana zu rauchen oder LSD zu nehmen, wobei ich immer vorsichtig war, weil ich meistens diejenige war, die die ganze Clique mit dem Auto meiner Eltern zu den Events fuhr.

Auf der einen Seite war ich also Hippie, was für mich bedeutete, Drogen zu nehmen, ohne jegliches Verantwortungsbewusstsein zu leben und auf Musikfestivals abzuhängen. Auf der anderen Seite war ich ein „normaler" Teenager, der zu Hause stark mit der Familie verbunden war, jobbte und sich aufs College vorbereitete. Aufgrund meiner christlichen Erziehung und der Tatsache, dass meine Eltern mir beigebracht hatten, fleißig zu sein, und weil ich hoch motiviert war, meine Interessen zu verfolgen, konnte ich die „Aussteigermentalität“ von vielen anderen Hippies nie ganz verinnerlichen. Abgesehen davon hätte mein Vater „Nichtstun“ sicherlich nicht durchgehen lassen.

Mein nächster Schritt in Richtung Karriere als Fotografin führte mich auf ein Junior-College auf der anderen Seite der Bay in San Mateo. Ich schrieb mich dort für einen Farbfotografie-Kurs ein, in dem ich noch mehr über die Entwicklung und den Druck von Farbfotos lernen sollte. Zur gleichen Zeit fand ich ebenfalls in San Mateo einen neuen Job in einem Fotolabor. In diesem Labor freundete ich mich mit einer jungen Frau an, die etwas älter war als ich. Sie führte ein, wie ich fand, faszinierendes Leben. Sie wohnte mit ihrem Freund in einem kleinen Gartenhaus in den Hügeln San Mateos und ernährte sich nur von reinen Naturprodukten. Sie zeigte mir, wie man Vollkornbrot buk, Sojabohnen kochte und Alfalfa-Sprossen züchtete, und schließlich wurde ich durch ihren Einfluss sogar Vegetarierin.

Durch sie lernte ich noch weitere Leute kennen, die ebenfalls in einem Gartenhäuschen lebten und dort eine Gartenhochzeit in alternativem Stil feiern wollten. Meine Freundin schlug mich als Fotografin vor. Dieser Job entpuppte sich als tolle Erfahrung für mich.

Obwohl ich von ihrem „Country-Lifestyle“ fasziniert war, verfolgte ich weiterhin meine beruflichen Pläne. Ich wollte Profifotografin werden, wenn möglich für eine Zeitschrift.

Mein Lehrer am Junior-College empfahl mir ein College für Fotografie in Santa Barbara. Also stellte ich ein Portfolio zusammen und fuhr mit meinen Eltern, die darüber hocherfreut waren, in den Süden Kaliforniens, um mich in der Schule vorzustellen. Als nur kurze Zeit später ein Brief in der Post lag mit der Nachricht, dass ich aufgenommen worden war, konnten wir mein Glück alle kaum fassen. Meine Eltern erklärten sich bereit, meine Ausbildung zu finanzieren, wir bezahlten die Anmeldegebühren, und ich verpflichtete mich damit, im September 1970 zu meinem 20. Geburtstag an der Schule anzufangen.

3

Während ich voll und ganz mit den Vorbereitungen für meine College-Pläne beschäftigt war, wuchs in mir der Wunsch, vor Antritt meiner Ausbildung unbedingt noch Europa zu besuchen. In meinen bisherigen Kunstkursen hatte ich natürlich viel über berühmte Künstler aus Europa gelernt, und ich hatte mir immer schon insgeheim erhofft, dass ich die Originale von Renoir und Monet eines Tages selbst würde sehen können. Hinzu kam, dass ich durch die vielen Bilder, die ich von Europa gesehen hatte, von den verschiedenen Städten und Sehenswürdigkeiten ganz fasziniert war und es mich reizte, auch selbst vor Ort fotografieren zu können. Wie viele andere Amerikaner auch war ich von dem Gedanken an ein romantisches und bezauberndes Europa angezogen und ich wünschte mir eine Sommerrundreise dahin. Doch es war natürlich nicht nur die Kunst, die mich lockte – darüber hinaus wollte ich dort natürlich unbedingt die coolen Rockbands aus England live erleben.

Zum Verdruss meiner Eltern ließ ich mich von der Idee einer Europarundreise im Sommer gar nicht mehr abbringen. Im Gegenteil, ich verfolgte sie immer stärker, bis ich mich schließlich dazu entschied, die „Sache“ noch vor Beginn des Colleges im Sommer durchzuziehen. Allerdings würden dafür einige meiner Ersparnisse draufgehen, die für die Unterkunft in Santa Barbara gedacht waren. Als meine jüngere Schwester Teresa, die damals 17 Jahre alt war, auch mitwollte, konnten meine Eltern kaum noch anders als zuzustimmen. Gegen zwei Töchter hatten sie einfach keine Chance, und ich schätze, sie hofften, dass wir dadurch wenigstens gute Erfahrungen für die Zukunft sammeln würden und ich tolle Fotos mitbringen würde, die ich dann für meine College-Projekte würde gebrauchen können. Es war zwar schwer für meine Eltern, uns gehen zu lassen, aber als sie sich endlich dazu durchgerungen hatten, machte sich mein Dad schließlich sogar daran, höchstpersönlich eine 10-wöchige Tour für uns vorzubereiten. Er fand natürlich die besten und günstigsten Flüge und organisierte unsere erste Übernachtung bei einem ehemaligen Arbeitskollegen von ihm in London. Darüber hinaus wollten wir unsere Tour im Voraus noch nicht zu sehr verplanen. Wir wollten frei sein und spontan entscheiden können, wie lange wir wo bleiben würden. Wir wussten nur so viel: Neben London und Paris wollten wir auch noch nach Frankfurt fahren, wo ich Freunde in der Army hatte, und natürlich wollten wir auch Amsterdam sehen.

*

Nach unserer ersten Nacht in einer Pension in London wurden wir gleich in der Früh vom Lärm des Verkehrs geweckt. Als wir aus dem kleinen Fenster schauten, waren wir entzückt, gleich einen roten Doppeldeckerbus, die alten schwarzen Taxis und direkt gegenüber auf der anderen Straßenseite die typisch englischen Ziegelhausreihen zu sehen. Alles war genau so, wie wir es aus den Filmen der Beatles kannten. Aber worauf wir nun gar nicht gefasst waren, das waren die schmutzigen und ungepflegten Straßen. Müll lag überall verstreut und direkt vor dem Eingang zu unserer Pension schlief ein Obdachloser auf einem Stück Karton, an dem die Menschen in ihren Anzügen und Krawatten vorbeiliefen, als existierte er gar nicht. Von ihm schoss ich mein erstes Foto in Europa ...

Um in den Tag starten zu können, mussten wir erst dahinterkommen, wie wir in dem kleinen „antiken" Waschbecken mit kaltem und heißem Wasser aus getrennten Wasserhähnen sauber werden konnten. Anschließend gingen wir die mit altem Teppich überzogenen, steilen Treppen zum Frühstückszimmer hinunter, wo wir unseren ersten schwarzen Tee und weißen Toast zu uns nahmen. Der starke Tee und die bittere Orangenmarmelade waren sehr gewöhnungsbedürftig, besonders, wo ich sonst ja nur auf Naturkost stand und zum Frühstück nur Kräutertees und Vollkornbrot duldete. Wenigstens kamen wir einigermaßen mit dem britischen Englisch zurecht.

Als wir aber am Bahnhof in Paris ankamen setzte der Kulturschock so richtig ein. Sich im Pariser U-Bahn-Netz zurechtzufinden war für uns um ein Vielfaches schwieriger als in London, und die Jugendherberge, in der wir übernachten wollten, befand sich in einer eher fragwürdigen Gegend der Stadt. Statt mehrerer Zimmer gab es einfach nur einen unendlich langen Raum mit aufgereihten Betten wie in der Armee und bei Weißbrot und Kaffee konnte man kaum von einem Frühstück reden.

Der Louvre war ein wunderbares Erlebnis, und ich freute mich natürlich, dass ich meine eigenen Fotos von meinen Lieblingsgemälden von Renoir machen konnte. Die meisten berühmten Gebäude wie der Notre Dame oder die Brücken, die über die Seine führten, waren schwarz vor Schmutz und ganz und gar nicht so wunderschön, wie ich sie mir vorgestellt hatte. Wir blieben nur ein paar Tage in Paris und waren froh, als wir endlich nach Frankfurt aufbrechen konnten.

Obwohl wir kein Deutsch sprachen, fühlten wir uns bei unserer Ankunft in Frankfurt gleich viel wohler, was bestimmt auch daran lag, dass unser Bekannter aus Kalifornien, der dort bei der Army stationiert war, uns am Bahnhof abholte und mit zu sich nach Hause nahm. Er erzählte uns von einem Festival, das an dem folgenden Wochenende in Aachen stattfinden sollte. Wir waren natürlich außer uns und nahmen die Gelegenheit sofort wahr, obwohl ich mich gar nicht daran erinnere, welche Bands dort auftraten.

Auf dem Festival lernten wir einige deutsche Jungs kennen. Nachdem sie die ersten „Einheimischen" waren, die wir bisher in Europa näher kennengelernt hatten, war es für uns besonders aufregend. Sie schwärmten davon, wie cool ihre Heimatstadt Westberlin sei, und drängten uns, sie dort zu besuchen. Und Berlin hatte etwas ganz Besonderes zu bieten: Mitte Juli sollte dort ein Konzert mit Led Zeppelin stattfinden – unserer Lieblingsband! Nach einigem Hin und Her entschieden Teresa und ich uns jedoch dagegen. Schließlich hatten wir ja noch vor, nach Amsterdam weiterzureisen, was wir auch taten.

Während wir dort eines Abends durch die Straßen schlenderten, schoss ich einige Bilder von der untergehenden Sonne über den Kanälen und von den Fahrrädern, die in der Abenddämmerung am Geländer lehnten. Einmal gingen wir zu einer Tanzvorstellung einer Modern-Dance-Company. Wir hatten uns total darauf gefreut, fielen aber aus allen Wolken, als wir feststellen mussten, dass die Tänzer alle nackt waren. Dies war unsere erste Auseinandersetzung mit dieser Art von „europäischer Mentalität" und wir waren entsetzt und irgendwie peinlich berührt. Wir kamen zwar aus Kalifornien, wo freie Liebe propagiert wurde, aber die Hippieszene dort war trotz allem nur eine kleine Subkultur, und die Gegend, aus der wir kamen, war stockkonservativ. Also saßen wir nun in Amsterdam in dieser Vorstellung und versuchten einfach so zu tun, als könnten wir ganz „cool" damit umgehen, nachdem es allen anderen im Publikum nichts auszumachen schien, dass da vorne „alles" zu sehen war.

Nachdem uns der Gedanke an das Led-Zeppelin-Konzert in Berlin aber doch nicht losließ, suchten wir schließlich ein Reisebüro auf, um uns Flugtickets zu besorgen. Meine Schwester und ich waren auf dem Weg zum Flughafen in Amsterdam total aufgeregt über unser neues Reiseziel. Wir wussten kaum etwas über Berlin, aber ein Rockkonzert war die Flugkosten allemal wert!

In Berlin angekommen, suchten wir in unserem Jugendherbergenführer eine günstige Unterkunft in der Stadtmitte aus und fuhren vom Flughafen aus mit dem Bus direkt dorthin. Ich erinnere mich noch gut daran, wie beeindruckt wir im Vergleich zu den anderen Metropolen, die wir bisher besucht hatten, von dieser großen, modernen Stadt waren.

*

Für unseren „großen" Abend, das Led-Zeppelin-Konzert, zogen wir unsere Hippieklamotten an, die wir erst kurz zuvor am Piccadilly Circus in London gekauft hatten. Ich entschied mich für eine durchsichtige altmodische Bluse und einen langen, geblümten Rock. Teresa trug ihre heißgeliebte Wildlederjacke mit Fransen und dazu Schlaghosen. Dazu hatten wir beide kniehohe Stiefel gekauft, die in London der letzte Schrei gewesen zu sein schienen. Meine waren weiße Lederschnürstiefel und Teresa hatte welche im Patchworkstil in verschiedenen Farben ergattert.

Nur mit dem Namen des Veranstaltungsortes, Deutschland-Halle, ausgerüstet, fragten wir uns bis zu unserem Ziel durch und waren natürlich die glücklichsten Mädchen auf der Erde, als wir tatsächlich noch zwei der letzten Tickets erwerben konnten.

So eine riesige Halle hatten wir noch nicht gesehen. Die *Fillmore Hall* in San Francisco war recht klein und größere Konzerte hatten wir immer nur Open Air mitgemacht. Es war großartig. Unmengen von jungen Leuten strömten herein und um uns herum wurde nur Deutsch gesprochen. Viele der Jungs hatten lange Haare und die meisten trugen grüne Armee-Jacken – ein Stil, der für uns völlig neu war, den wir aber sehr cool fanden.

Das Konzert war fantastisch, und wir freuten uns, dass sie alle unsere Lieblingssongs spielten. Ich schoss selbstverständlich wie eine Weltmeisterin Fotos und erwischte unter anderem einen ganz besonderen „Moment" von Jimmy Page, dem Leadgitarristen.

Nach dem Konzert hielten wir uns noch eine Weile bei der Bühne auf, als zu unserer großen Überraschung die drei Jungs auftauchten, die wir in Aachen kennengelernt hatten, und das bei so vielen Menschen, die das Konzert besucht hatten. Wir konnten unser Glück kaum fassen. Sie freuten sich ebenfalls, uns wiederzusehen, und nahmen uns gleich mit auf eine Kneipen- und Clubtour durchs Berliner Nachtleben, wo wir weitere Freunde von ihnen treffen sollten.

Es war komisch für uns, dass sie überallhin mit dem Bus fuhren. Das war ganz neu für uns, da wir ja bereits mit 16 Jahren unseren Führerschein gemacht hatten und ich sogar schon mein eigenes Auto hatte. Das fanden die Jungs natürlich superbeeindruckend und sie wollten unbedingt mehr über das Leben in Kalifornien erfahren.

Schließlich landeten wir in einer Kneipe, die „Dr. Knock" hieß. Sie war überfüllt mit ihren Schulfreunden, die an Kickertischen spielten. Wir trauten unseren Augen kaum, als wir sahen, dass all diese Teenager Bier tranken, da das in Amerika erst ab dem 21. Lebensjahr erlaubt ist. Ebenso überrascht beobachteten wir, wie sie ihre Zigaretten selbst rollten. Das hatten wir bis jetzt nur bei Marihuanazigaretten gesehen.

Der „Chef" der Clique hieß Peter – ein Typ mit langen, blonden Haaren. Er stellte uns seinen Freunden vor, unter anderem einem Jungen mit langem, dunklem, lockigem Haar und dunklen Augen namens Thomas. Mir fiel sofort auf, dass er besonders gut Englisch sprach und viele typisch amerikanische Ausdrücke kannte. Als wir ihn fragten, wie das käme, erklärte er uns, dass er Musiker sei und Trompete in einer Band spiele, die oft bei Partys auf der U.S.-Army-Base auftrete.

Thomas fing an, über den Krieg in Vietnam zu reden, darüber, wie schrecklich er ihn fand und dass er und seine Kumpel schon an Demonstrationen gegen den Krieg der Amerikaner teilgenommen hatten. Er sagte, dass er nie in die USA reisen würde – schon allein aus Protest gegen die fürchterliche Politik dieses Landes.

Ich muss ehrlich gestehen, dass Teresa und ich zu der Zeit kaum über die Vietnam-Politik unserer Regierung informiert waren. Zwar fanden wir den Krieg falsch, aber im Grunde genommen waren weder meine Schwester noch ich besonders an dieser Thematik interessiert. Deshalb waren wir erleichtert, als die Unterhaltung zu etwas entspannteren Themen überging. Irgendwie landeten wir beim Thema Yoga und Meditation. Ich erzählte, dass ich beides praktizierte und außerdem Vegetarierin war. Daraufhin erzählte Thomas, dass seine Großmutter ebenfalls Vegetarierin sei und nicht nur Yoga mache, sondern außerdem regelmäßig einen buddhistischen Tempel in Berlin aufsuche. Ich wurde hellhörig. Ich nahm automatisch an, dass Thomas auch so „drauf" sei, und war begeistert von dieser scheinbaren „Gemeinsamkeit" zwischen uns beiden.

Es muss schon sehr spät gewesen sein, als wir endlich aufbrachen. Zum Abschied lud Peter Teresa und mich sowie seine ganzen Freunde noch für den nächsten Morgen zum Frühstück bei sich ein.

*

Das Haus von Peters Eltern befand sich in einer schönen Wohngegend mit alten Häusern. Außer uns kamen noch zwei oder drei Freunde von Peter. Thomas war einer von ihnen, was mich freute, weil ich ihn unbedingt noch mehr über seine Großmutter und ihre Spiritualität fragen wollte. Ich glaube, ich unterhielt mich den ganzen Morgen nur mit Thomas. Dabei erfuhr ich, dass seine Mutter Astrologie praktizierte und dass sie Tänzerin am Theater Friedrichstadt-Palast in Ostberlin gewesen war, wo sie seinen Vater, einen Musiker und Komponisten, kennengelernt hatte. Seine ganze Familie faszinierte mich, und es gelang ihm, mich dadurch zu beeindrucken.

*

An unserem letzten Abend meldete sich Peter bei uns, um uns auszurichten, dass Thomas sich von uns verabschieden wollte. Er schlug vor, uns im „Go In“ zu treffen. Das „Go In“ war ein kleiner, dunkler Laden mit schummrigem Kerzenlicht und kleinen Holztischen und -bänken. In der Luft hing der Qualm von so ziemlich allem, was man rauchen kann. Ich fühlte mich an ein „Beatnik“-Cafe* erinnert, das ich einmal in San Francisco besucht hatte. Thomas erzählte uns, dass er hier manchmal mit seiner Gitarre amerikanische Folksongs zum Besten gab.

* „Beatnik“ bezeichnet die Angehörigen der Beat Generation.

Der Abend verlief relativ ereignislos – bis Thomas irgendwann nach meiner Hand griff. Es gefiel mir zwar, doch gleichzeitig wusste ich nicht so recht, was ich mit dieser Geste anfangen sollte. Immerhin wollten wir am nächsten Morgen Berlin verlassen.

Gegen 23 Uhr wollte Teresa zurück zum Hotel. Da ich aber noch keine Lust hatte aufzubrechen, einigten wir uns darauf, dass sie alleine gehen und ich später nachkommen würde. Zwar missachteten wir damit Dads Anweisung, immer zusammenzubleiben, doch die Herberge war nur einen Katzensprung vom Kudamm entfernt und es waren noch sehr viele junge Leute unterwegs.

Irgendwann gingen dann auch Peter und seine Freunde und Thomas und ich blieben alleine zurück. Thomas bot an, mir noch mehr vom Berliner Nachtleben zu zeigen, und auch wenn ich kaum noch weiß, worüber wir die ganze Nacht miteinander gesprochen haben, so weiß ich doch, dass wir es sehr genossen, zusammen zu sein ...

*

Als der Morgen anbrach, saßen wir auf den Stufen der großen Kaiser-Wilhelm-Gedächtniskirche. So langsam war es an der Zeit, dass ich mich auf den Weg zur Herberge machte, um mit meiner Schwester zum Bahnhof aufzubrechen. Thomas musste noch kurz seine Mutter anrufen, und so entschloss ich mich, ihn noch zur Telefonzelle zu begleiten, bevor wir uns endgültig verabschieden würden.

Weil ich kein Deutsch verstand, wusste ich nicht, worum es in dem Gespräch ging, aber mir war sofort klar, dass irgendetwas nicht stimmte. Nachdem Thomas aufgelegt hatte, berichtete er mir, dass seine Mutter mitten in der Nacht einen Anruf vom Krankenhaus in der Stadtmitte bekommen habe. Teresa war dorthin gebracht worden, weil sie einen Unfall gehabt hatte. Die Ärzte hatten in ihrer Jackentasche die Telefonnummer von Thomas gefunden, die er uns ein paar Tage zuvor gegeben hatte, sowie ihren Pass. Sie behaupteten, sie sei auf Drogen gewesen, habe einen Nervenzusammenbruch gehabt und sei dann aus dem Fenster der Jugendherberge gesprungen. Ich stand ganz verloren mit Thomas in dieser Telefonzelle und versuchte, diese surrealen Nachrichten aufzunehmen. Das machte alles keinen Sinn. Meine Schwester nahm keine Drogen, und noch weniger war sie der Typ, der einen Nervenzusammenbruch bekam. Teresa war eigentlich sehr vernünftig. Mir kam die Geschichte äußerst eigenartig vor.

*

Im Krankenhaus angekommen, fragte Thomas eine Krankenschwester nach Teresa, woraufhin die junge Frau uns zu einem Zimmer führte.

Als wir das Zimmer betraten, sah ich zunächst nur ein altes, weißes Metallbett und darin eine sehr alte Frau. Dann fiel mein Blick auf das Bett daneben, in dem meine Schwester lag. Sie hatte lauter blaue Flecken im Gesicht, mehrere Stiche am Kinn und ihre vorderen Zähne waren herausgebrochen. Dieser Anblick war zu viel. Ich fiel in Ohnmacht.

Als ich nach einiger Zeit dank der Hilfe der Krankenschwestern das Bewusstsein wiedererlangt hatte, kam auch schon der Arzt. Er erklärte uns, dass mehrere Knochen am Knöchel gebrochen waren, dass Teresa mindestens drei Wochen lang einen Gips würde tragen müssen und dass sie noch ein paar Tage zur Beobachtung im Krankenhaus bleiben sollte, da sie bewusstlos gewesen war.

Nachdem der Arzt den Raum verlassen hatte, erzählte Teresa, was geschehen war: Als sie in der Herberge angekommen war, hatten einige ältere Männer im Foyer Bier getrunken und Karten gespielt. Einer von ihnen war der Herbergsleiter gewesen. Sie war an ihnen vorbei auf unser Zimmer gegangen und hatte sich schlafen gelegt. Die Tür hatte sie allerdings offengelassen, da ich später ja noch nachkommen wollte. Kurze Zeit darauf waren zwei der Männer, die zuvor noch unten Karten gespielt hatten, ins Zimmer gekommen. Es gelang ihr, die beiden rauszuschubsen und hinter ihnen die Tür zu verriegeln. Natürlich war sie verängstigt, ging aber wieder zu Bett. Doch nur ein paar Minuten später waren die Männer wieder an der Tür. Teresa konnte deutlich hören, dass sie Schlüssel dabei hatten und sich am Schloss zu schaffen machten. Jetzt bekam sie es wirklich mit der Angst zu tun. Sie zog sich blitzschnell an, warf ihren Mantel über, schnappte sich ihren Pass und lief zum Fenster. Unser Zimmer befand sich im ersten Stock, doch leider waren direkt unter dem Fenster die Eingangstufen. Da Teresa aber keinen anderen Ausweg wusste, sprang sie trotzdem in der Hoffnung, sie würde vor den Stufen landen.

Was danach passiert war, hatte sie nicht mehr mitbekommen. Anscheinend hatten die Männer aus der Jugendherberge den Ärzten erzählt, dass sie Drogen genommen habe und in ihrem Rausch aus dem Fenster gesprungen sei.

Wir beteuerten dem Arzt, dass Teresa keine Drogen genommen hatte und die Männer gelogen hatten, aber es war offensichtlich, dass er uns nicht glaubte. Wahrscheinlich wirkten wir in unserem Hippie-Look auf ihn einfach nicht glaubhaft.

Teresa war auf jeden Fall überglücklich, dass wir sie im Krankenhaus gefunden hatten. Mir tat es unendlich leid, dass sie dieses furchtbare Erlebnis ganz alleine hatte durchstehen müssen und ich nicht bei ihr gewesen war.

Thomas' Mutter, Nadja, sorgte dafür, dass Teresa in eine etwas modernere Klinik in Zehlendorf, in der man auch Englisch sprach, umziehen konnte. Dort sollte sie die nächsten zehn Tage bleiben. Sie lud mich ein, bei ihnen zu wohnen, solange Teresa im Krankenhaus lag, und bot mir an, von ihrem Telefon aus meine Eltern anzurufen. Ich weiß noch, dass ich Bammel davor hatte, meine Eltern anzurufen und ihnen von dem Unfall zu erzählen. Ich erinnere mich kaum noch an das Gespräch mit ihnen, nur noch daran, dass sie völlig aufgebracht waren. Nadja konnte sie jedoch beruhigen, und sie versicherte ihnen, dass sie sich um uns kümmern würde.

Es war spannend, Thomas' Familie kennenzulernen. Die Van Doorens lebten in einer Vierzimmerwohnung im Erdgeschoss eines Hochhauses. Da sein Vater, Eduard, vier Jahre zuvor einen Schlaganfall erlitten hatte und seitdem halbseitig gelähmt war, saß er im Rollstuhl und konnte nicht so gut sprechen. Seine Mutter arbeitete als medizinisch-technische Assistentin in Steglitz.

Thomas' älterer Bruder, Michael, der gerade mit seinem Musik-Studium begonnen hatte, wohnte auch noch zu Hause.

Mir wurde die letzte Schlafmöglichkeit auf der Couch in Thomas' Zimmer zugeteilt. Mir war klar: Wenn meine Eltern das wüssten, wären sie nicht gerade begeistert darüber.

Am ersten Morgen bei den Van Doorens lernte ich schließlich auch Thomas' Großmutter kennen. „Omi" schmiss den Haushalt der Familie und kümmerte sich um den Vater, da Nadja ja berufstätig war. Sie hatte weißes Haar, war sehr klein und immer ganz geschäftig. Wir wurden einander vorgestellt, konnten aber leider nicht wirklich miteinander über ihren buddhistischen Glauben reden, da sie kaum Englisch sprach.

*

Nadja kümmerte sich wirklich aufopfernd um uns, und darüber hinaus half sie meinem Vater dabei, mit dem Krankenhaus alle finanziellen Angelegenheiten zu regeln. Meine Mutter erzählte mir am Telefon, dass zu Hause viele Freunde aus unserer Kirche für uns beteten, und ich bin mir sicher, dass dies der Hauptgrund dafür war, dass wir keine Angst hatten.

Ich erinnere mich an einen ganz speziellen Moment, in dem Teresa mir sagte, dass sie wisse, dass Gott bei ihr sei und ihr beistehe und dass sie aus diesem Grund im Frieden mit ihren Umständen sei.

Während Thomas morgens in die Schule ging, blieb ich bei „Omi". Nachmittags brachten Thomas und ich Teresa dann Snacks und Getränke ins Krankenhaus, und wir gaben unser Bestes, um sie aufzuheitern, damit sie sich nicht einsam fühlte. Wenn wir das Krankenhaus verließen, verbrachten wir immer noch mehrere Stunden zu zweit. Wir kamen uns Tag für Tag näher, und ich fragte mich langsam, wo das Ganze wohl hinführen sollte.

4

Ich fühlte mich in Thomas' Gegenwart völlig entspannt und ihm ging es mit mir genauso. Thomas sprach so gut Englisch, dass wir uns problemlos miteinander unterhalten konnten. Wir redeten über unsere unterschiedlichen Lebensstile und darüber, wie unterschiedlich wir jeweils aufgewachsen waren.

Ich glaube, unsere Liebe zur Musik war so ungefähr das Einzige, was wir gemeinsam hatten, wenngleich unser musikalischer Werdegang sehr unterschiedlich war: Ich hatte als Kind sieben Jahre lang Akkordeonunterricht genommen, nachdem ich mir zusammen mit meinen Eltern immer eine Fernsehsendung angesehen hatte, in der ein älterer deutscher Herr in Begleitung einer großen Tanzband Akkordeon spielte. Als Teenager galt mein Interesse jedoch nur noch der populären Musik, die bald von den Beatles und dann von der Hippieszene in San Fransisco, also der Rockmusik, geprägt wurde.

Thomas' Geschichte war für mich viel faszinierender. Sein Vater hatte vor dem Krieg Musik studiert, war dann aber eingezogen worden. Als er viele Jahre später aus russischer Gefangenschaft entlassen worden war, hatte er 1946 eine Stelle als Komponist und Arrangeur am Friedrichstadtpalast im damaligen Ostberlin bekommen. Dort hatte er Nadja kennengelernt, die als Tänzerin angestellt gewesen war. Seine Mutter, eine Konzertpianistin, war der Grund, dass er Pianist geworden war, und er wiederum war die Inspiration für seine zwei Söhne gewesen. Michael, Thomas' älterer Bruder, hatte ebenfalls Klavier gelernt, während Thomas die Trompete zu seinem „Hauptinstrument" gemacht und sich selbst das Klavierspielen beigebracht hatte. Als es ihn schließlich zur Popmusik aus England und Amerika zog, begann er, auch Gitarre zu lernen, sodass er Songs wie die von Bob Dylan spielen konnte.

*

Als Teresa aus dem Krankenhaus entlassen wurde, kam auch sie zu den Van Doorens, um sich auf Anraten des Arztes noch eine Woche auszuruhen, bevor wir weiterreisten. Michael zog so lange zu einem Freund und überließ ihr freundlicherweise sein Zimmer.

Da ich ja nach wie vor auf der Couch in Thomas' Zimmer schlief, lief es darauf hinaus, dass wir beide immer persönlichere Gespräche führten. Irgendwann erzählte er mir dann auch, dass seine Eltern mehrere Jahre geschieden gewesen seien und dann nach Eduards Schlaganfall noch einmal geheiratet hatten. Die Scheidung hatte Thomas damals schwer getroffen. Er und Michael hatten sich in dieser Zeit ununterbrochen in die Haare gekriegt. Als es zwischen den beiden eines Tages eskalierte und Thomas sogar mit einer Gabel nach seinem Bruder schmiss, hatte seine Mutter endgültig genug, und so kam er für ein Jahr in ein Heim für schwer erziehbare Kinder. Er hatte sich damals wie abgeschoben gefühlt. Wie er mir erzählte, hatte er sogar einmal versucht, sich umzubringen, weil er im Leben einfach keinen Sinn mehr gesehen hatte. Einfach alles war für ihn bedeutungslos gewesen. Er hatte weder Angst noch Respekt vor Menschen gehabt und erst recht nicht vor Regeln oder Gesetzen.

Ich weiß noch, dass ich anfing zu weinen, als er mir dies alles erzählte, und dass ich erwiderte, dass es doch irgendeinen Gott und einen Sinn im Leben gäbe. Daraufhin sagte er, dass er nicht an einen Gott glaubte und dass man sich hier und jetzt einfach selbst nehmen müsse, was man haben wolle, und dass dies auch am Ende keine Konsequenzen haben würde.

Weil ich ja mit dem Bewusstsein eines Gottes, eines himmlischen Vaters, aufgewachsen war und gelernt hatte, dass man seinen Geboten folgen sollte und dass es wohl einen Himmel gab, konnte ich kaum einen Bezug zu dem finden, was er da sagte. Aber ich hatte ja bis dahin auch ein Leben ohne großartige Enttäuschungen und eingebettet in eine stabile Familie gehabt.

*

An unserem letzten Nachmittag in Berlin machten Thomas und ich einen langen Spaziergang in einem schönen Park außerhalb der Stadt. Es war, als wären wir zwei ganz allein auf der Welt, während wir Hand in Hand miteinander über all das redeten, was uns wichtig war. Es fing an zu regnen und alle anderen Parkbesucher machten sich so langsam auf den Heimweg. Wir blieben jedoch noch und flüchteten unter einen Baum, um Schutz vor dem Regen zu suchen. Es war so romantisch, dort mit ihm zu sitzen. Mir wurde klar, dass wir uns ineinander verliebt hatten. Doch was für eine Zukunft hatten wir? Am nächsten Tag würden Teresa und ich nach England abreisen, von wo aus unser Rückflug nach San Fransisco ging.

Später am Tag bat ich „Omi", mir zu helfen, zum Abschied einen Schokoladenkuchen zu backen. Thomas überreichte mir anschließend feierlich eine Kette mit einer ägyptischen Münze. Sie bedeutete ihm viel, weil er sie in Kairo gekauft hatte, als er einmal gemeinsam mit seiner Mutter seinen ägyptischen Großvater besucht hatte.

Wir waren beide sehr traurig, dass unsere gemeinsame Zeit zu Ende war. Uns war beiden klar, dass wir uns wahrscheinlich nie wieder sehen würden.

*

Als wir im Flieger in Richtung London saßen, hatte ich gemischte Gefühle, während Teresa erleichtert war, dass es endlich weiterging. Sie freute sich darauf, nach unserer letzten Urlaubswoche in England wieder nach Hause zu kommen. Ich hingegen fragte mich, ob ich mir ein Leben in Kalifornien ohne Thomas überhaupt noch vorstellen konnte.

Wieder in London, nahmen wir den Zug zur Isle of Wight, um zu einem berühmten Musikfestival zu fahren. Glücklicherweise war Teresas Fuß wieder gut verheilt, denn wir mussten mit unseren Rucksäcken durch mehrere aufgeweichte Felder marschieren, um das Festivalgelände zu erreichen. Wir freuten uns sehr über den – wenn auch kargen – Sonnenschein, da wir die nächsten drei Tage, wie Hunderte von anderen jungen Leuten, hier zelten würden.

Die ganze Zeit musste ich dabei an Thomas denken. Ich war eigentlich schon immer viel mehr von den Musikern aus Europa als von den Amerikanern angezogen gewesen und hatte mir oft vorgestellt, in Europa zu leben. Irgendwie fühlte sich diese ganz frische Beziehung zu Thomas an, als sei sie das Natürlichste auf der Welt, und während ich im Gras vor der Festivalbühne saß, begann ich, ihm einen Brief zu schreiben. Ich schrieb ihm, wie sehr ich ihn liebte, und fragte ihn, was er davon halten würde, wenn ich nach Berlin zurückkommen, mir einen Job suchen und dort leben würde. Mir war klar, dass er mir schnell würde antworten müssen, wenn ich seinen Brief noch vor meiner Abreise aus London erhalten sollte. Ich schrieb ihm die Adresse unserer Pension und hoffte, er würde antworten.

Zu meiner großen Überraschung erreichte mich innerhalb weniger Tage ein Brief aus Berlin. Ich war aufgeregt und sehr nervös, als ich ihn öffnete, um zu sehen, was Thomas geantwortet hatte.

Er begann damit, dass er, nachdem er meinen Brief gelesen hatte, am Klavier ein Lied für mich komponiert hatte. Er hatte ihm den Titel „Kristine Suite" gegeben. Er beschrieb mir, wie er allein am Klavier im Zimmer seines Bruders gesessen hatte, um seine Gefühle für mich zum Ausdruck zu bringen. Er schrieb, dass er auch in mich verliebt sei und sich darüber freuen würde, wenn ich nach Berlin zurückkäme, und dass er noch mindestens ein Jahr in Berlin sein würde, um seinen Schulabschluss zu machen. Er versäumte auch nicht, mich am Ende des Briefes darüber zu informieren, dass seine bisherigen Beziehungen selten länger als ein paar Monate gehalten hatten, und er erklärte mir vorsichtig, dass ich meine Pläne nicht nur seinetwegen ändern oder mich vollkommen von ihm abhängig machen sollte.

Zu wissen, wie er für mich empfand, reichte mir völlig aus. Ich erklärte also meiner Schwester voller Begeisterung, dass ich mich entschieden hatte, nach Berlin zurückzugehen. Meine College-Pläne würde ich aufgeben. Mir war klar, dass meine Eltern sehr aufgebracht sein würden, aber für mich gab es keine andere Möglichkeit, und so schrieb ich ihnen einen Brief, in dem ich ihnen meine Entscheidung, nicht mit Teresa nach Kalifornien zurückzufliegen, mitteilte.

Ich brachte Teresa zum Flughafen und verabschiedete mich dort von ihr, nicht ahnend, dass 15 Stunden später meine Eltern am Flughafen von San Fransisco voller Vorfreude darüber sein würden, endlich wieder ihre *beiden* Töchter in die Arme zu schließen. Der Brief war noch nicht eingetroffen! Ich kann mir kaum vorstellen, was für ein Schock es für sie gewesen sein muss, Teresa alleine aus der Ankunftshalle kommen zu sehen. Besonders nach all den Sorgen, die sie während unserer Reise schon hatten durchstehen müssen.

Jetzt hatte ich noch ein paar Tage alleine in London, bevor es wieder nach Berlin ging. Zwar konnte ich es nicht erwarten, Thomas wiederzusehen, doch ängstlich war ich schon, ob alles klappen würde.

Natürlich würde unsere Beziehung ernster werden, also besorgte ich mir die Pille. Bis dahin hatte ich noch keine feste Beziehung gehabt, aber ich glaubte an die „neue Philosophie“, dass Paare nicht verheiratet zu sein brauchten, um einander fürs Leben verpflichtet zu sein. Ich hatte mit meinem Dad diesbezüglich schon reichlich Diskussionen geführt, bei denen er mir unmissverständlich deutlich gemacht hatte, dass die Bibel klarmache, dass so eine Beziehung in Gottes Augen Sünde sei. Aber damals war die „Botschaft der Zeit“ in meinen Ohren lauter als die christlichen Werte, mit denen ich aufgewachsen war. Mein Dad war meiner Überzeugung nach einfach nur altmodisch und ich wollte doch frei und unabhängig sein.

*

Die ersten paar Tage mit Thomas waren aufregend, aber die Realität traf uns schnell und hart. Nach nur wenigen Tagen wollte Nadja, dass ich auszog. Dad bestärkte sie darin, vor allem deshalb, weil er nicht wollte, dass ich mit Thomas so eng zusammenlebte. Da ich noch keine Arbeit hatte, war es schwer, eine Wohnung zu finden, und meine letzten Traveller-Schecks wollte ich nicht für ein Hotel ausgeben.

Thomas schaffte es glücklicherweise, ein befreundetes Pärchen zu überreden, uns eine Zeit lang bei sich wohnen zu lassen. Die beiden lebten in einer Ein-Zimmer-Wohnung ohne Dusche und Heizung. Die Toilette befand sich draußen auf dem Flur. Wir schliefen auf der Couch und die anderen beiden auf einer Matratze auf dem Boden. Privatsphäre gab es also nicht.

So eine „Bude“ hatte ich noch nie gesehen. Das Haus musste Jahrhunderte alt sein. Meine Vorstellung von einem bezaubernden und romantischen Europa mit alter Architektur und aufregendem Lebensstil war im Begriff, sich von Minute zu Minute aufzulösen.

Wir blieben ungefähr 2 Wochen bei diesen Bekannten. An manchen Tagen ging Thomas morgens zur Schule und kehrte erst spätnachts zurück. Ich erinnere mich daran, dass ich meiner Mutter in dieser Zeit Briefe schrieb, in denen ich ihr berichtete, wie einsam ich mich in dieser kalten und dunklen Wohnung fühlte, und dass ich bloß hoffte, endlich einen Job zu finden. Glücklicherweise bekam ich schließlich eine Vollzeitstelle als Fotolaborantin bei AGFA. Jetzt brauchte ich nur noch eine Wohnung.

Thomas meinte, wir könnten doch zusammenziehen. Zwar hatte ich diese Möglichkeit noch nicht in Erwägung gezogen, aber schließlich lebten wir ja praktisch schon zusammen, und außerdem vermittelte Thomas mir damit den Eindruck, dass es ihm mit unserer Beziehung ernst war.

Tatsächlich fanden wir eine möblierte kleine Altbauwohnung in der Nähe vom Schloss Charlottenburg. Zusätzlich zu unserem Zimmer hatten wir eine kleine Küche, die mit einem Waschbecken, einem Herd und einem kleinen Kühlschrank ausgestattet war. In unserem Zimmer hatten wir einen kleinen Kohleofen, aber weil es sonst keine Heizung gab, war die Decke mit Schimmel überzogen und die Farbe blätterte von den Wänden. Das Bad außerhalb unseres Apartments teilten wir uns mit einem jungen Mann, der das Zimmer auf der anderen Seite des Flurs gemietet hatte. Darin gab es eine elektrische Heizung und sogar eine Badewanne, in der ich auch unsere Wäsche wusch.

Kaum waren wir zusammengezogen, zeigte sich eine ganz andere Seite von Thomas. Wir gingen abends oft aus und trafen seine Freunde. Er spielte Musik, rauchte Haschisch und blieb dann am nächsten Morgen, während ich schon früh zur Arbeit musste, im Bett und schwänzte die Schule. Er genoss seine neu gewonnene Freiheit in vollen Zügen. Er hatte keine Verantwortung und musste auf niemanden hören. Ich sah ihn als meinen „Ehemann", fühlte mich ihm verpflichtet und tat alles, um uns ein schönes Zuhause zu schaffen. Ich kaufte ein, wusch unsere Wäsche, stickte ihm Blumen auf seine Armeejacke oder kämmte seine langen, lockigen Haare.

Wir hatten zwar auch schöne gemeinsame Abende, an denen er mir auf der Gitarre vorspielte oder mir beibrachte, die Bongos zu spielen, aber immer häufiger ging er mit seinen Freunden abends weg, ohne mir Bescheid zu sagen, und kam dann irgendwann nachts wieder. Unser Geld ging immer schon vor Monatsende zur Neige, und Thomas war nicht daran interessiert, sich Arbeit zu suchen. Zu Beginn unserer Beziehung hatte er mich immer zuvorkommend und freundlich behandelt, aber mit der Zeit wurde er immer egoistischer und tat nur noch, wozu er gerade Lust hatte. Er ließ mich nie wissen, was er vorhatte oder wo er hinging, und ich fing an, mir Sorgen über seinen zunehmenden Konsum von Haschisch und LSD zu machen. Ich fragte mich, was er wohl als Nächstes ausprobieren würde. Er schien absolut furchtlos zu sein.

Ich hatte diese Drogen ja schon ausprobiert, aber ich war zu dem Schluss gekommen, dass man dadurch weder Gott noch der Realität näherkam, wie ich es mir erhofft hatte, und hatte deswegen aufgehört, als ich meine Vollzeitstelle in Kalifornien angetreten hatte. Es dauerte aber nicht lange, bis nun auch ich wieder begann, Haschisch zu rauchen, damit uns wenigstens etwas miteinander verband.

Eines Tages waren wir in der Stadt unterwegs. Thomas wollte in einem afrikanischen Laden nach Hemden schauen. Wir gingen hinein und er probierte mehrere Hemden an. Als wir den Laden wieder verlassen hatten, zeigte er mir, dass er sie einfach unter seinem Pulli anbehalten hatte. Ich war schockiert. Wir hatten unseren ersten großen Streit. Er versuchte, mich davon zu überzeugen, dass die Besitzer sowieso zu viel Geld hatten und es keine Rolle spielte, wenn ein paar Hemden fehlten. Ich hatte gelernt, dass Stehlen falsch ist, und auch wenn ich mich von vielen Idealen meiner Eltern verabschiedet hatte, so war ich davon doch immer noch überzeugt. Ich las zu dieser Zeit viel über Reinkarnation und indische Gurus, und ich war mir sicher, dass so ein Verhalten zu schlechtem Karma führte.

Es gab noch viele andere Auseinandersetzungen, in denen er mich davon überzeugen wollte, dass ich nur paranoid sei und man sich nicht den gesellschaftlichen Regeln anpassen solle.

Weil wir dringend mehr Geld benötigten, um über die Runden zu kommen, gab Thomas meinem Drängen schließlich nach und suchte sich Arbeit. Während der Winterferien bekam er einen landwirtschaftlichen Job in einer Waldgegend Berlins. Ich freute mich schon auf die extra Kohle, die dadurch reinkommen würde und mit der wir die Rechnungen würden bezahlen können, doch Thomas hatte andere Pläne. Kaum hatte er seinen Lohn erhalten, ging er schnurstracks in ein Musikgeschäft und kaufte sich eine neue Trompete. Ich fühlte mich furchtbar, als er nach Hause kam und sie mir freudestrahlend präsentierte.

Natürlich waren wir verliebt und hatten schöne Zeiten zusammen, aber unsere unterschiedlichen Perspektiven und Hintergründe wurden zunehmend zu einem Problem. So war es auch in Bezug auf unsere Auffassung von Treue. Kurz nachdem Thomas einige Tage mit seiner Klasse im Schullandheim gewesen war, stellten wir fest, dass wir beide eine Entzündung hatten. Ich fiel aus allen Wolken, als mein Arzt mich fragte, ob ich verschiedene Sexualpartner hätte, denn diese Infektion könne man nur so bekommen. Als ich Thomas damit konfrontierte, erzählte er mir ungeniert, dass er mit einer Klassenkameradin geschlafen hatte.

Ich war so naiv. Er war für mich der Erste gewesen und ich wollte ihm treu bleiben, und ich war davon ausgegangen, dass es bei ihm genauso war. Ich war am Boden zerstört. Wenn ich morgens zur Arbeit ging, fühlte ich mich in dieser großen Stadt total alleine und bangte schon dem Abend entgegen, wenn ich wieder „heimgehen" musste. Mir war klar, dass ich vor einer Entscheidung stand und überlegen musste, was ich tun würde, aber ich hatte niemanden, mit dem ich reden konnte. Meine Eltern kamen nicht in Frage. Sie hatten von Anfang an nicht gewollt, dass ich in Berlin lebte, geschweige denn, dass ich mit Thomas zusammenzog, ohne mit ihm verheiratet zu sein. Ich hatte für ihn sehr viel aufgegeben, aber nun begann ich mich in der Beziehung gefangen zu fühlen. Ich hatte keinen wirklichen Grund, in Berlin zu bleiben, außer ihm. Freunde oder Hobbys hatte ich hier nicht. Früher war ich voller Hoffnung und Lebensfreude gewesen, doch jetzt fühlte ich mich hilflos, umgeben von einer dunklen und bedrückenden Stadt. In diesem kalten und grauen Winter vermisste ich die kalifornische Sonne. Und doch konnte ich mir nicht vorstellen, tatsächlich mit Thomas Schluss zu machen und in die USA zurückzukehren, denn das hätte ja bedeutet zuzugeben, dass meine Eltern Recht hatten und ich einen großen Fehler gemacht hatte.

Thomas hatte keine Ahnung, wie sehr ich in unserer Beziehung litt. Ich hatte ein anderes Verständnis von Partnerschaft als er, aber er verstand mich nicht. Es war, als kämen wir aus zwei unterschiedlichen Welten, und er hatte keinen Bezug zu meiner. Sein Vater war mehrmals verheiratet und geschieden gewesen und seine Omi war überhaupt nie verheiratet gewesen. Intakte Familien kannte er einfach nicht. Seine Freunde schienen alle den einzigen Sinn des Lebens darin zu sehen, Drogen zu nehmen, Musik zu spielen und sich in fremden Betten zu tummeln, wie es ihnen gerade gefiel. Ich fühlte mich, als wäre ich in der Hölle, und ich begann, Selbstmord als einzigen Ausweg zu sehen.

In dieser Zeit war ich einmal alleine in unserer kleinen Wohnung. Plötzlich schoss mir ein ganz klarer Gedanke durch den Kopf: Ich könnte ihm *vergeben*, dass er mich so verletzt hatte. In meiner Kindheit hatte ich oft dieses Wort „Vergebung" gehört, aber nachdem ich nie wirklich Verletzung erlebt hatte, war es für mich nie ein großes Thema gewesen. Der Gedanke begann, in mir zu wachsen und Form anzunehmen, und ich merkte, dass das, was passiert war, mich früher oder später verrückt machen würde, wenn ich damit weiter so umging wie bisher. Mir war klar: Ihm zu vergeben würde auch bedeuten zu vergessen, was er mir angetan hatte.

Als er an einen Abend nach Hause kam, sprachen wir über unsere Beziehung und über unsere Zukunft. Ich sagte ihm, dass ich ihn liebte und bei ihm bleiben wollte. Ich erklärte, dass ich ihm vergeben würde, dass er mich betrogen hatte. Das traf ihn so stark, dass er zu weinen begann. Damit hatte er nicht gerechnet. Er sagte mir, dass er mich auch liebte und lernen wollte, was für Konsequenzen so ein Verhalten mit sich bringt. Er versprach mir sogar, sich nie wieder auf ein anderes Mädchen sexuell einzulassen.

Dieses Gespräch war ein Wendepunkt in unserer Beziehung, und doch waren wir nur am Anfang eines schwierigen Weges, von dem wir zu diesem Zeitpunkt noch keine Vorstellung hatten. Tief in meinem Herzen wusste ich, dass ich meilenweit von Gott entfernt war und nicht lebte, wie es gut für mich war. Ich war dankbar für die Ermutigung, die ich aus den Briefen meiner Mutter schöpfte, in denen sie mir mitteilte, dass meine Eltern und deren Freunde aus der Kirche, ja sogar meine Großeltern, für mich beteten.

*

Thomas lernte eine Clique von Musikern einer „Freejazz-Band" kennen, und ihr Einfluss begann nach und nach, ihn in eine neue Richtung zu führen. Sie waren alle älter als er und begeisterten sich nicht nur für experimentelle Musik, sondern auch für härtere Drogen. Ich machte mir immer große Sorgen um ihn, wenn er bei diesen Typen war, denn ihre „Bandproben" dauerten manchmal die ganze Nacht. Dies hatte meist zur Folge, dass Thomas am nächsten Tag nicht in die Schule ging, und das obwohl es nur noch einige Monate bis zu seinem Abitur waren.

Einmal nach einer solchen Nacht kam er überhaupt nicht nach Hause. Nachdem ich die ganze Nacht auf ihn gewartet hatte, ging ich in der Früh schließlich zur Arbeit. Irgendwann im Laufe des Tages tauchte Thomas plötzlich im Labor auf. Offensichtlich hatte er gar nicht geschlafen, aber seine Augen waren weit aufgerissen und er hatte einen irren Blick. Ich hatte Sorge, dass meine Kollegen über sein Auftreten und seine ungepflegten, langen Haare etwas geschockt sein würden, also ging ich schnell zu ihm auf den Flur hinaus. „Du verschwendest hier bei der Arbeit deine Zeit", fing er gleich an. „Komm raus mit mir und sieh dir die Sonne an." Er nahm mich an der Hand, um mich nach draußen zu führen. Er machte mir richtig Angst. Er redete wirres Zeug und ich konnte gar nicht zu ihm durchdringen. Da er mir im Grunde keine andere Wahl ließ, erfand ich irgendeine dumme Ausrede, um meinen Kollegen zu erklären, dass ich für den Tag Schluss machen musste.

Ich zitterte, als ich mit ihm auf die Straße ging, und mir fiel auf, dass seine Handflächen ganz schwarz vor Dreck waren. Er erzählte mir, dass er die ganze Nacht Bongos gespielt und lauter wilde Erfahrungen gemacht habe. Während wir die Straße entlanggingen, deutete Thomas immer wieder in den Himmel und drängte mich, nach oben in die Sonne zu schauen, um eine Offenbarung zu bekommen. Er erklärte mir inbrünstig, dass ich zu verkrampft sei und frei sein sollte wie er.

Zu Hause angekommen, versuchte ich, ihn zum Schlafen zu bewegen, aber er redete immer verrückteres Zeug und wollte einfach nicht aufhören. Ich hatte schon

Albtraumgeschichten von Menschen gehört, die nach einem schlechten Drogentrip nie wieder normal wurden, und hatte Angst, dass der Thomas, den ich kannte und liebte, für immer verschwunden war. Ich geriet in Panik. Verzweifelt und in Tränen aufgelöst, lief ich aus der Wohnung, die Straße entlang und in den Park hinter dem Schloss Charlottenburg. Es war eigentlich ein wunderschöner Tag, aber für mich war er zur Hölle geworden. Es gab keinen Ort oder Menschen, zu dem ich gehen konnte.

Plötzlich bemerkte ich, dass Thomas hinter mir herlief, und ich bekam noch mehr Angst vor ihm. Doch als er sah, wie schlecht es mir ging, kam er von seinem Trip langsam ein wenig runter, und er entschuldigte sich dafür, dass er mir so viel Furcht eingeflößt hatte.

Während wir weiter durch den Park spazierten, fing er an, sich zu beruhigen, und als wir wieder zurück in der Wohnung waren, ging er endlich ins Bett und schlief ein. Als er aufwachte, war er zwar wieder normal, doch ich fragte mich, wann wohl das nächste Mal etwas Schreckliches passieren würde und ob ich nicht meine Sachen zusammenpacken und abhauen sollte.

Am nächsten Morgen fand ich in der Arbeit eine Kündigung wegen Unzuverlässigkeit vor. Es war mir so peinlich. Thomas hingegen fand das super. Er meinte, jetzt könne ich endlich das Leben in Freiheit genießen, so wie er es tat ... Doch wie sollten wir die Miete zahlen? In meiner Not rief ich meinen Dad an und bat ihn, mein Auto zu verkaufen und mir das Geld aus dem Verkauf zu schicken.

Aufgrund von Thomas' Kontakten zu den amerikanischen Soldaten hörte ich schließlich von einer freien

Stelle bei der Reinigung auf der Base und bewarb mich. Ich bekam den Job sofort. Dadurch tat sich eine neue Welt für uns auf. Thomas lernte meine neuen Kollegen kennen und wir hielten uns immer öfter zusammen auf der Base auf. Thomas fand nach und nach immer mehr Gefallen an den „Amis“ und begann sogar davon zu sprechen, irgendwann einmal in die USA zu fliegen. Fast zeitgleich fragten meine Eltern in ihren Briefen, wann ich denn zurück- oder wenigstens zu Besuch kommen würde. Es war mittlerweile Frühling 1971, und diese Idee fing an, in mir zu reifen. Thomas' Ausbildung war auch kein Hindernis mehr, denn wegen der vielen Drogen und seiner wachsenden Ambitionen, Jazzmusiker zu werden, hatte Thomas die Schule einfach hingeschmissen, und das nur ungefähr drei Monate vor dem Abitur. Wir spielten sogar mit dem Gedanken, ganz nach Kalifornien umzuziehen. Meine Eltern, die die Möglichkeit witterten, ihr Mädchen endlich zurückzubekommen, boten uns sofort an, zwei Flüge nach San Fransisco zu bezahlen, unter der Voraussetzung, dass Thomas das Geld zurückzahlen würde, sobald er erst einmal Arbeit gefunden hatte.

Voller Begeisterung stürzten wir uns in die Reisevorbereitungen. Thomas hatte zwar keine Ahnung, was ihn in Kalifornien erwartete, aber er hatte das Abenteuer schon immer geliebt.

Zum Abschied luden wir am Abend vor unserem Abflug Omi und Nadja ein. Ich hatte eine schöne Kassette mit meditativer Musik eingelegt und wir reichten andächtig die Wasserpfeife mit Haschisch herum.

Nadja war völlig verzweifelt, dass Thomas das Abitur abgebrochen hatte und auch sonst keinerlei Karrierepläne an den Tag legte. Er eröffnete ihr weiter, dass er mit dem Universum fließe, erzählte ihr von seinen neuesten Offenbarungen über Reinkarnation und von all den neuen Büchern, die er zurzeit las. Sie bräuchte sich keine Sorgen zu machen, versicherte er ihr, denn der große Gott des Alls würde uns führen und leiten.

Omi, die den buddhistischen Lehren folgte, war beeindruckt von der geistlichen Weisheit ihres Enkels. Nadja hingegen – obwohl sie selbst an die Reinkarnation glaubte und Astrologie praktizierte – hatte, wie sie mir Jahre später erzählte, das Gefühl, dass sie als Mutter völlig versagt hatte. Sie sei danach auf dem Heimweg voller Verzweiflung in Tränen ausgebrochen, ohne jegliche Hoffnung, ihren Sohn je wiederzusehen.

5

Während wir im Flieger saßen, der uns ins sonnige Kalifornien bringen würde, fühlte ich mich unendlich erleichtert und glücklich. Mir wurde bewusst, dass diese anderthalb Jahre, die ich in Berlin gelebt hatte, für mich so gewesen waren, als wäre ich in eine dunkle und depressive Welt hineingesogen worden. Wir waren immer noch verliebt ineinander, und ich hoffte, dass sich unsere Beziehung wieder bessern würde, wenn wir nur erst einmal in Kalifornien waren.

*

Kaum waren wir in San Fransisco gelandet, fühlte ich mich endlich frei, und ich genoss es, wieder in der Heimat zu sein und zu verstehen, was um mich herum geredet wurde. Thomas hingegen war von der Atmosphäre am Flughafen geschockt. Jeder schien so glücklich und freundlich, was er etwas argwöhnisch beobachtete. Ich freute mich riesig, doch andererseits war ich nervös, weil ich keine Ahnung hatte, wie meine Eltern mir nach allem, was geschehen war, begegnen würden, wenn sie uns abholten. Und was würden sie von Thomas halten? Doch kaum hatten wir uns gesehen, waren alle meine Ängste verschwunden. Meine Eltern hatten beide Tränen in den Augen, als sie mich und Thomas warmherzig begrüßten.

Zu Hause angekommen, setzten wir uns alle in der Küche um den großen Esstisch, tranken heiße Schokolade mit Mini-Marshmellows und unterhielten uns. Nach dem höflichen Smalltalk kam mein Dad zu den ernsteren Themen. Er erklärte, dass ihm zwar bewusst sei, dass wir in Berlin zusammengewohnt hatten, dass er so eine Art Beziehung unter seinem Dach aber nicht dulden würde. Er machte Thomas unmissverständlich klar, dass wir in getrennten Zimmern schlafen würden und dass wir uns an die Hausregeln zu halten hatten. Thomas sagte, er habe verstanden. Obwohl er es nicht gewohnt war, sich von irgendjemandem etwas sagen zu lassen, so war er in diesem Moment doch von meinem Dad etwas eingeschüchtert.

Die nächsten Tage verliefen relativ ruhig. Ich durfte den Familienwagen fahren, um Thomas meine Stadt zu zeigen, da Dad ja mein Auto auf meinen Wunsch hin verkauft hatte. Wir fuhren auch durch Oakland nach Berkeley und schlenderten dort durch die Straßen, wo die ganzen Studenten und Hippies zu finden waren. Thomas fand es dort besonders cool, und langsam fing er an, Kalifornien zu mögen.

Eines Tages besuchten wir San Francisco. Wir liefen hinunter zur *Bay* im Stadtteil Haight-Ashbury, der für seine Hippie-Kultur bekannt war. Dort gab es viele

Straßenmusiker, die auf den Wiesen des Golden-Gate-Parks abhingen und Musik machten. Ich freute mich, meine alten „Hippiefreunde“ zu besuchen und ihnen meinen deutschen Freund vorzustellen. Thomas war ein Paar, Cheryl und Gary*, ganz besonders sympathisch. Die beiden wohnten in einem kleinen Haus auf dem Grundstück seiner Eltern, weil sie nicht so viel arbeiten wollten. Einige Male luden sie uns zu sich ein. Cheryl und ich hatten dann immer viel zu bereden, während sie mir beibrachte, Mützen und Schals zu häkeln. Thomas und Gary, der erst kürzlich aus dem Krieg in Vietnam zurückgekehrt war, verbrachten Stunden damit, sich über den Krieg und über spirituelle Erfahrungen auszutauschen, während sie ihren Joint hin- und herreichten. Die Abende fanden immer ihren Höhepunkt darin, dass Thomas unsere mitgebrachte Akustikgitarre auspackte und bis in die Nacht hinein darauf spielte.

*

Nach einigen Wochen bahnten sich zwischen meinen Eltern und uns Spannungen an, denn Dad fragte sich langsam, wann wir Arbeit finden und ausziehen würden. Er machte sich Sorgen um mich, da ich ziemlich planlos und unmotiviert zu sein schien. Offensichtlich hatte ich mich verändert, was ihm natürlich missfiel, und er führte diesen Umstand natürlich auf Thomas’ schlechten Einfluss zurück.

Ich sah das ganz anders. Ich war der Überzeugung, dass ich von Thomas einfach nur lernte, ein bisschen

* Namen geändert

lockerer zu sein, das Leben zu genießen und die Dinge nicht so eng zu sehen. Doch Tatsache war, dass wir nur in Kalifornien waren, weil meine Eltern die Flüge bezahlt hatten, wir in ihrem Haus wohnten und ihren Wagen fuhren. Langsam, aber sicher baute sich eine Front auf zwischen meinem Dad, der mich vor Thomas beschützen wollte, und Thomas, der mich vor der konservativen Welt meiner Eltern retten wollte. Mein Vater hoffte, diesem 19-jährigen Typen aus Deutschland etwas Vernunft einreden zu können, doch er merkte schnell, dass er keinen Erfolg haben würde. Abgesehen davon, dass Thomas sehr defensiv war, war er von seiner Lebensphilosophie höchst überzeugt, und er war bestimmt nicht zurückhaltend, wenn es darum ging, seine Meinung zu verteidigen. Dazu, Rat bezüglich religiöser Ansichten anzunehmen, war er erst recht nicht bereit, und so kam es zu immer heftigerem Streit.

Schließlich legte Dad einen Termin fest, zu dem wir ausgezogen sein sollten, um auf eigenen Beinen zu stehen. Wir zogen zuerst zu Cheryl and Gary und fanden mit ihrer Hilfe schließlich eine sehr günstige Wohnung in einem alten Holzhaus in Oakland. Sie hatte zwei Zimmer, eine relativ große Küche, ein Badezimmer mit einer altmodischen Badewanne und eine kleine Veranda, die nach hinten zu unserem kleinen Garten ausgerichtet war.

Da wir kein Geld hatten, um die Wohnung einzurichten, bekamen wir von meinen Eltern eine Matratze und einige Küchenutensilien. Außerdem nahmen wir die antike Kommode aus meinem ehemaligen Schlafzimmer mit, die, wie wir fanden, perfekt als Altar dienen konnte, auf den wir unsere Buddhastatue, die Thomas aus einem Antikladen gestohlen hatte, und Weihrauch stellten. Zu

Thomas' Freude hatten wir eine sehr freundliche ältere Frau aus Deutschland zur Nachbarin. Die nette Dame bot uns einen alten Gasherd an. Als wir ihr winziges Häuschen betraten, um ihn zu holen, fühlte ich mich an die Wohnung meiner deutschen Großmutter erinnert. Wie bei ihr hingen überall gerahmte Bibelverse an der Wand und sie erzählte uns immer vom „Herrn Jesus".

Zum Leidwesen meiner Eltern hatten wir ganz und gar nicht vor, uns reguläre Arbeit zu suchen. Wir entschieden uns, einen Gemüsegarten anzulegen – so würden wir „mit der Erde eins sein" – und selbst gemachte Dinge auf dem Flohmarkt zu verkaufen. Ich wollte zum Beispiel Kleider, die ich in Secondhandläden kaufte, umnähen. Zu diesem Zweck kaufte mir Dad eine Nähmaschine, was ich sehr großzügig von ihm fand. Thomas folgte dem Beispiel einiger unserer Hippiefreunde und begann, Flöten und Körbe herzustellen, die wir anschließend verkauften. Wir begannen jeden Tag damit, Räucherstäbchen anzuzünden und zu meditieren, und Thomas spielte dann auf seiner Querflöte. Anschließend setzten wir uns in unser sonniges Gärtchen und aßen zum Frühstück Haferflocken und frisch gepflückte, wilde Beeren aus unserem Garten.

Thomas verstärkte seine Suche nach geistlicher Erkenntnis und übernatürlichen Erfahrungen. Er ging häufig nach Downtown Oakland in eine Buchhandlung, die viele Bücher zu spirituellen Themen führte. Er nahm sich dort immer viel Zeit für seine Suche nach etwas Passendem. Wenn er ein Buch fand, das ihn interessierte, steckte er es unter seine Jacke oder sein T-Shirt und ging.

*

Wir hatten in unserem kleinen Heim häufig Freunde zu Besuch. Es gab dann immer ein vegetarisches Essen mit Sojabohnensuppe, Keimlingen und flaches Vollkornbrot mit Mandelbutter. Anschließend servierte ich Tee, den ich aus selbst gesammelten Kräutern gebrüht hatte und den wir tranken, während wir bis spät in die Nacht über Bücher philosophierten und Kongas, Flöten, Gitarren und kleine indische Handzymbeln spielten. An einem dieser gemeinsamen Abende schlug ein Freund von uns vor, in unserem Garten Marihuana anzupflanzen. Thomas fand die Idee großartig und so säte er gleich am nächsten Tag hinten im Garten am Zaun entlang die Samen. Zu unserer großen Überraschung wuchsen sie im Eiltempo zu annähernd zwei Meter hohen Pflanzen heran. Wir schnitten einige Zweige ab und hängten sie zum Trocknen auf unsere Veranda, voller Freude darüber, dass wir auf diese Weise zusätzlich Geld sparen konnten. Ein ganz besonders großes und schönes Blatt pressten wir, rahmten es und hängten es neben unserem „Altar" auf.

Als meine Eltern einmal zu Besuch waren, präsentierten wir ihnen stolz unseren Gemüsegarten und die schönen Marihuanapflanzen, die den Zaun säumten. Sie waren schockiert und entsetzt darüber, dass wir so dumm waren, mitten in der Stadt solche Pflanzen in unserem Garten stehen zu haben. Dad versuchte, uns zu warnen. Da die Kriminalitätsrate in der Stadt sehr hoch war, war die Polizei ständig unterwegs. Er sagte, die Polizei oder die Nachbarn würden früher oder später die Marihuanapflanzen entdecken, wir würden hinter Gitter wandern und Thomas würde des Landes verwiesen werden.

Dabei wusste mein Dad gar nicht, dass wir sogar noch viel tiefer im Mist steckten – dass Thomas nämlich regelmäßig Bücher und sogar Lebensmittel klaute. Und was noch schlimmer war: Thomas' Visum war schon längst abgelaufen, und seinen deutschen Ausweis hatte er nicht mehr, weil er, als er spontan an einem Samstag auf einem Flohmarkt in Alameda seine Jacke verkauft hatte, nicht daran gedacht hatte, dass in der Innentasche der Ausweis steckte. Einen neuen hatte er nicht beantragt. Zum einen war er dazu einfach zu faul gewesen, zum anderen glaubte er, dass er ohnehin einer höheren Autorität als dem Staat unterstellt sei, einer, die über den Gesetzen der Regierung stand. Er war überzeugt, dass der Gott des Kosmos' auf seiner Seite stand.

Was die Marihuanapflanzen anging, so kam ich zu dem Schluss, dass mein Vater sicherlich Recht hatte. Es wäre sicherer und auch kein großer Akt, die Pflanzen einfach herauszureißen. Warum sollten wir ein Risiko eingehen? Thomas hingegen fand, dass ich wie meine Eltern war: paranoid und negativ. Er machte sich große Sorgen darum, dass ich von der konservativen Mentalität meiner Eltern viel zu sehr beeinflusst sei. Wie so oft „gewann" Thomas und das Marihuana durfte in unserem Garten fröhlich weiterwachsen.

Einige Tage später war Thomas mal wieder „einkaufen". Er wollte ein Steak für einen Hund besorgen, den wir gefunden und aufgenommen hatten. Prompt wurde er erwischt, und man bat ihn, sich auszuweisen, was er natürlich nicht konnte. Er musste also die Formulare zur Beantragung eines neuen Ausweises ausfüllen. Bei der Bearbeitung seines Antrags stießen die Behörden

– wie konnte es anders sein – darauf, dass sein Visum schon längst abgelaufen war. Das an sich war schon eine schwerwiegende Angelegenheit, dass er jetzt aber auch noch beim Klauen erwischt worden war, war Grund genug, ihn genauer unter die Lupe zu nehmen. Natürlich weckte er mit seinen langen Haaren und den Hippie-Klamotten zusätzlich den Verdacht auf Drogen. Er durfte schließlich wieder gehen, wurde aber zu einem Gerichtstermin vorgeladen.

Ich geriet in Panik und wollte das „Gras" sofort herausreißen, doch Thomas blieb dabei, dass wir uns dem Druck von irgendwelchen Gesetzen der Gesellschaft nicht beugen, sondern uns viel mehr an unsere Philosophie halten sollten. Im Endeffekt schaffte er es immer, so zu argumentieren, dass ich ihm glaubte und vertraute. Also setzten wir uns hin und machten vorsorglich einen Plan, an den wir uns beide halten wollten, falls die Polizei uns gefangen nehmen sollte. Dieser Plan besagte, dass wir nicht meine Eltern anrufen oder sie mit hineinziehen würden, wenn es zum Äußersten kam. Zum anderen würden wir auch im Gefängnis unter keinen Umständen ungesundes oder nichtvegetarisches Essen zu uns nehmen. Unsere Philosophie, die wir aus allen möglichen Glaubensrichtungen gesammelt hatten, besagte immerhin, dass es durch die eigene Leistung möglich war, Heiligkeit zu erlangen. Rein zu essen und anderen Gutes zu tun würde uns näher zu Gott bringen.

*

Für gewöhnlich unternahmen wir alles zusammen, aber an einem bestimmten Tag wollte Thomas nach San Francisco, während ich in den Naturkostladen in Oakland wollte. Wir verabschiedeten uns und stiegen in verschiedene Busse zu unserem jeweiligen Ziel.

Als ich von meinen Einkäufen voll gepackt nach Hause kam und gerade auf die Veranda trat, gesellten sich plötzlich zwei Polizisten zu mir. Sie fragten mich, ob ich hier wohnte, und erklärten, sie hätten einen Hausdurchsuchungsbefehl. Sie hatten erfahren, dass wir in unserem Garten Marihuana anpflanzten. Sie erklärten mir, dass ich nicht ins Gefängnis müsste, wenn ich sie hereinließe.

Ich war zwar nervös und hatte Angst, dachte mir aber, dass es das Beste sei, wenn ich mich einfach höflich und freundlich verhielt. Zuerst warfen sie einen Blick nach draußen und fragten mich beiläufig, ob das Marihuana von uns sei. Ich antwortete wahrheitsgemäß mit „Ja", betonte aber, dass wir nichts verkauften. Dann sahen sie sich im Haus um, wahrscheinlich auf der Suche nach noch mehr Drogen. In der Zwischenzeit bot ich ihnen frisch gepressten Karottensaft an, doch sie lehnten höflich ab. Sie konfiszierten die Pflanzen, die zum Trocknen auf unserer Veranda hingen, sowie das gerahmte Blatt über dem Altar. Schließlich brachten sie mich dazu, ein Papier zu unterschreiben, auf dem ich gestand, dass wir Marihuana anpflanzten. Ich müsste nur noch kurz mit aufs Revier kommen, sagten sie und baten mich, für Thomas einen Zettel an die Haustür zu kleben mit der Aufforderung, sich doch ebenfalls zu stellen. Als ich mit ihnen davonfuhr und auf der Rückbank ihres Wagens so saß, war ich ganz sicher, dass ich einige Stunden später wieder nach Hause gehen dürfte.

Normalerweise darf man, wenn man festgenommen wird, einen Anruf tätigen. Doch wir hatten ja beschlossen, meine Eltern nicht in die Sache mit hineinzuziehen. Unsere Freunde, die auch alle Drogen nahmen, konnte ich natürlich genauso wenig anrufen, also wartete ich einfach gelassen darauf, dass Thomas auftauchte. Als es aber Abend wurde und er nicht kam, wurde mir eröffnet, dass ich die Nacht über dableiben müsste. Man brachte mich in eine Zelle, in der noch ungefähr sechs andere Frauen saßen. Sie waren alle schwarz und kamen offensichtlich nicht gerade aus dem vornehmsten Teil der Stadt. Sie waren natürlich neugierig, was eine brave, kleine Weiße im Knast zu suchen hatte, also erzählte ich ihnen meine ganze Geschichte. Die Frauen diskutierten und kamen einstimmig zu dem Schluss, dass ganz bestimmt meine Eltern das Ganze geplant und eingefädelt hatten, um Thomas loszuwerden. Auf diesen Gedanken war ich noch gar nicht gekommen, da er aber sehr einleuchtend klang, glaubte ich ihnen mehr oder weniger.

In der Zwischenzeit war Thomas nach Hause gekommen und hatte den Zettel an der Tür gefunden. Er ging schnurstracks zu Freunden, die auf der anderen Straßenseite wohnten und auch aus der Drogenszene kamen, um sie um Rat zu fragen. Sie meinten, er solle unbedingt meine Eltern anrufen, damit sie mir helfen würden, und er selbst solle am besten vorübergehend untertauchen. Thomas bekam es mit der Angst zu tun und rief gleich meine Eltern an, um ihnen mitzuteilen, dass ich im Gefängnis saß.

*

Meine erste Nacht im Gefängnis kam mir nicht so schlimm vor, weil ich immer noch davon überzeugt war, dass ich am nächsten Tag wieder würde heimgehen können. Doch am nächsten Morgen informierte mich die Polizei darüber, dass Thomas höchstwahrscheinlich die Stadt verlassen habe und dass ich nun in eine Justizvollzugsanstalt nach Santa Rita gebracht werden würde. So langsam fing ich an, mir große Sorgen zu machen. Ich hatte doch gedacht, dass ich freigelassen werden würde, weil ich ein Geständnis abgegeben hatte und nicht vorbestraft war. Doch selbst zu diesem Zeitpunkt fiel es mir nicht im Traum ein, meine Eltern anzurufen. Ich hatte natürlich keine Ahnung, dass sie schon längst wussten, dass ihre Tochter im Gefängnis saß.

Zusammen mit den anderen Frauen wurde ich in einem Bus nach Santa Rita gebracht. Bei meiner Ankunft wurde mir eine Uniform überreicht und ein Bett in einem großen Raum zugeteilt, in dem 19 weitere Frauen untergebracht waren. Anschließend wurde ich in das Büro der Gefängnisleitung zu einer Befragung gerufen. Die Beamtin inspizierte meine Arme, und als sie keine Einstichspuren von Heroinspritzen finden konnte, ermutigte sie mich zu kooperieren, damit ich möglichst schnell wieder würde entlassen werden können. Ich hatte den Eindruck, dass sie sich Sorgen darum machte, dass ich in diesem Gefängnis einem schlechten Einfluss ausgesetzt sein könnte.

Ich nahm mir vor, das Beste aus dieser „Gefängniserfahrung“ zu machen, und entschied mich zu fasten, anstatt das Essen zu mir zu nehmen, das wir bekamen. Abends las ich dann in der Gideonbibel, die ich neben meinem Bett fand. In den vorangegangenen Monaten hatte ich ein esoterisches Buch über Jesus gelesen, in dem er als Mann mit besonderen Kräften beschrieben wurde. Aber die Bibel zu lesen war irgendwie anders. Ich fühlte mich dabei getröstet und spürte, dass ich nicht alleine war. Alle, mit denen ich mich im Gefängnis unterhielt, hatten fürchterliche Geschichten über Missbrauch zu erzählen, sodass ich schon fast ein schlechtes Gewissen bekam, dass ich so wohlbehütet aufgewachsen war. Mit meinem Leben ging es nun schon seit Jahren beständig bergab, doch meine Naivität machte mich blind für diese Tatsache.

Am nächsten Tag brachte man mich zu einer kurzen Anhörung im Gericht in Oakland. Als ich dort ankam, wurde mir gesagt, dass mich jemand sprechen wolle. Ich wurde in einen Raum vor ein Glasfenster gesetzt, hinter dem ein gut gekleideter Herr im Anzug saß. Er erzählte mir, er sei der Anwalt, den meine Eltern für mich angeheuert hätten.

Was für ein Schock.

Jetzt war ich mir sicher, dass die Frauen im Gefängnis mit ihren Vermutungen Recht gehabt hatten. Meine Eltern mussten diesen ganzen Komplott geplant haben, denn von Thomas konnten sie ja nichts erfahren haben – immerhin hatten wir ja den Pakt geschlossen.

Der Anwalt brachte ein Bild von Thomas zum Vorschein und fragte mich, ob es sich bei dem Mann auf dem Foto um Thomas van Dooren handelte. Anschließend erklärte er mir, dass, sollte ich verraten, wo er sich aufhielt, ich sofort freikommen und mir darüber hinaus auch eine saubere Polizeiakte zugesichert sein würde. Des Weiteren erklärte er mir, dass Thomas nach Deutschland ausgewiesen und damit einer Verurteilung zu einer Gefängnisstrafe wegen Drogenmissbrauchs entkommen würde. Ich dachte gar nicht erst darüber nach, mich auf den Vorschlag des Anwalts einzulassen. Ich war davon überzeugt, dass ich meinen Freund schützen musste, und weigerte mich vehement, mit den Plänen meiner Eltern zu kooperieren.

Zu exakt der gleichen Zeit tauchte Thomas im Foyer des Gerichtsgebäudes auf, weil er von dem Termin gehört hatte. Davon wusste ich natürlich nichts. Zwei Zivilpolizisten erkannten ihn und nahmen ihn sofort fest. Während er also auf dem Weg ins Gefängnis war, wurde ich in den Gerichtssaal geführt, wo meine Eltern bereits saßen und auf mich warteten.

Sie waren am Boden zerstört und klammerten sich an die Hoffnung, mich noch retten zu können. Da saßen sie nun, gaben Tausende von Doller ihrer Ersparnisse aus, um mir aus der Patsche zu helfen, und ich war überzeugt, dass sie gegen mich waren.

Ich hörte dem Richter zu und beantwortete seine Fragen, ohne meine Eltern auch nur eines Blickes zu würdigen. Das Einzige, was ich dort bewusst wahrnahm, war, dass ich noch nicht entlassen werden würde. Mir war damals nicht klar, dass ich nur wegen Thomas auf unbestimmte Zeit festgehalten wurde. Später erzählte mir meine Mutter, wie verzweifelt sie darüber war, dass ich auf die Hilfe des Anwalts verzichtet hatte. Auf der Rückfahrt beteten meine Eltern um Weisheit, um zu wissen, wie sie jetzt vorgehen sollten. Sollten sie aufgeben, sich raushalten und mich mir selbst überlassen? Sie entschieden sich stattdessen, nun auch Thomas zu helfen, was also auch bedeutete, noch mehr Geld an den Anwalt zu zahlen. Sie waren über seine Verhaftung informiert und wussten, dass er abgeschoben werden sollte. Zu Hause angekommen, riefen sie seine Eltern an und erzählten ihnen die schlechten Nachrichten.

*

Der Anwalt meiner Eltern hatte einen Plan, wie er uns rausholen wollte, sofern wir bereit waren, mit ihm zu kooperieren: Er würde versuchen zu beweisen, dass wir das Marihuana nur zum Eigengebrauch angepflanzt und nicht verkauft hatten, in der Hoffnung, dass wir die geringste Strafe bekamen und vielleicht sogar auf Bewährung freigelassen werden würden. Er erklärte meinen Eltern jedoch, dass Thomas seine langen Haare abschneiden sollte, um vor dem Richter einen besseren Eindruck zu machen. Darüber hinaus müsse er dem Richter versprechen, dass er von nun an nichts mehr mit Drogen zu tun haben würde. Sollte dieser Plan aufgehen, wäre der nächste Schritt der zu heiraten. Wir müssten versprechen, dass wir beide einer geregelten Arbeit nachgehen und uns als verantwortungsvolle Bürger in die Gesellschaft integrieren würden. Nur auf diese Weise könnte eine Abschiebung verhindert werden. Ach ja, und jemand würde für ihn bürgen müssen.

Mein Vater erklärte sich bereit, mit Thomas zu reden. Er fuhr also zum Gefängnis von Santa Rita. Thomas muss sehr überrascht gewesen sein, als ihm ein Besucher gemeldet wurde und er dann auch noch feststellen musste, dass es der Mann war, mit dem er sich nun schon so oft angelegt hatte. Zuerst versuchte Thomas, ganz cool zu wirken, doch er wurde, während er von meinem Dad vor vollendete Tatsachen gestellt wurde, immer kleinlauter, und die Realität der aussichtslosen Lage, in der er steckte, drang nach und nach zu ihm durch. Für beide Männer war dieses Gespräch ein entscheidender Moment in ihrer Beziehung, denn sie mussten beide ihren ganzen Stolz ablegen und demütig aufeinander zugehen. Mein Vater bot Thomas seine ganze Hilfe an unter der Bedingung, dass er mit dem Anwalt kooperierte. Thomas akzeptierte das Angebot.

Anschließend kam Dad in den Frauentrakt, um mit mir zu reden. Seit ich ein paar Tage zuvor ins Gefängnis gebracht worden war, war dies das erste Mal, dass ich persönlich mit ihm sprach. Ihm war anzusehen, dass er sehr traurig und besorgt war, aber er schien auch erleichtert darüber zu sein, dass er mir versichern konnte, dass Thomas bereit war, auf die Forderungen einzugehen. Ich war immer noch sehr misstrauisch, ob er mir überhaupt die Wahrheit sagte. Vielleicht hatten meine neuen „Freundinnen" aus dem Knast ja doch Recht. Wenn man bedachte, das die Meisten hier wirklich niemanden hatten, der auf ihrer Seite stand, hätte ich eigentlich überaus dankbar dafür sein müssen, dass meine Eltern sich so für mich einsetzten. Irgendwann später wurde mir klar, wie lächerlich es gewesen war, dass ich je geglaubt hatte, meine Eltern hätten mich bei der Polizei angezeigt und meine Festnahme eingefädelt.

Ich ließ mich schließlich auf den Deal ein, und so konnten mich meine Eltern nach zehn Tagen – die für mich auch eine zehntägige Fastenkur bedeuteten – rausholen, während Thomas noch in Santa Rita bleiben musste, um auf eine Anhörung zu warten. Sie brachten mich zu sich nach Hause.

*

Thomas war insgesamt 14 Tage im Gefängnis. Ich hatte ihn seit meiner eigenen Festnahme nicht mehr gesehen und so begegneten wir uns erst wieder im Gerichtssaal bei unserer Anhörung. Er hatte dem Drängen des Anwalts – praktisch in letzter Minute – nachgegeben und sich von einem anderen Häftling die Haare abschneiden lassen, sodass ich ihn auf den ersten Blick kaum erkannte.

Alles verlief mehr oder weniger nach Plan. Wir bekamen beide ein mildes Urteil und kamen auf Bewährung frei. Bei Thomas war der einzige Grund hierfür, dass mein Vater vor dem Richter gesagt hatte, dass er der vollen Überzeugung sei, dass Thomas seine Lektion gelernt habe und nun ein guter und anständiger Bürger sein würde, und dass er ihm helfen würde, Arbeit zu finden.

Wir waren vorerst frei und durften nach Hause fahren. Ein paar Monate später sollten wir wegen der internationalen Klage bezüglich seines Visums zur nächsten Vorladung erscheinen. Wir versprachen beide, uns einen Job zu suchen, und tatsächlich bekamen wir beide eine Stelle in dem Fotolabor in Hayward, in dem ich ein paar Jahre zuvor schon gearbeitet hatte, und wir bezogen ein schnuckeliges kleines Haus in der Gegend. Oberflächlich betrachtet sah unser Leben jetzt völlig verändert aus, doch innerlich waren wir noch immer dieselben.

6

An einem Tag im August 1972 war es so weit. Kurz vor Thomas' nächster Anhörung mussten wir den Bus quer über die Bay zum Marin County Rathaus nehmen, um unseren Hochzeitstermin wahrzunehmen. Uns bedeutete das Ganze relativ wenig, aber es war nun einmal eine der Bedingungen, die wir erfüllen mussten, damit Thomas in den USA bleiben konnte. Wir tauchten dort in unserer üblichen „Hippietracht" auf und brachten zwei indianische Ringe mit Türkissteinen mit. Wir waren nicht einmal auf die Idee gekommen, meine Eltern oder unsere Freunde einzuladen.

Worauf wir allerdings nicht vorbereitet waren, war die Rede, die der zuständige Standesbeamte hielt, bevor wir unsere Gelübde sprachen. Erst einmal fing er davon an, dass die Entscheidung für die Ehe eine äußerst ernste Entscheidung im Leben eines Menschen sei, eine, die man nicht auf die leichte Schulter nehmen sollte. Er sprach von Liebe, die gibt und Opfer für den anderen bringt, und davon, dass die Ehe eine Verpflichtung für das ganze Leben sei.

Die Worte rüttelten uns wach. Wir merkten beide gleichermaßen, dass wir unser Versprechen ernst und von Herzen sprechen wollten. Für Thomas war es ein besonders großer Schritt, mir offiziell zu versprechen: „Ich will dich lieben und achten, bis dass der Tod uns scheidet." Ich hatte diese Entscheidung zwar schon längst in meinem Herzen getroffen, doch nun richtig verheiratet zu sein gab mir ein ganz neues und sicheres Gefühl, das ich vorher nicht gekannt hatte. Es war, als hätten wir die Hintertür, die wir uns die ganze Zeit über noch offen gelassen hatten, falls unsere Beziehung nicht „klappen" sollte, endgültig geschlossen.

*

Dass Thomas seine langen Haare abgeschnitten hatte, um auf den Richter einen guten Eindruck zu machen, zahlte sich aus. Er bekam, nachdem wir jetzt auch verheiratet waren, eine dauerhafte Aufenthaltsgenehmigung. Und wenig später folgte noch eine weitere gute Nachricht: Ich war schwanger. Meine Eltern freuten sich darüber, dass wir nun wohl endlich ein „normales" Leben führen würden. Aber mit der Aussicht, Eltern zu werden, steigerten wir uns nur noch mehr in unsere Überzeugung hinein, dass wir uns von allem Konservativen fernhalten wollten.

Wir erklärten Mom und Dad, dass wir für unser Baby nur das Beste wollten und deswegen entschieden hatten, das Stadtleben aufzugeben und stattdessen in die Berge zu ziehen, wo die Luft rein und das Leben einfach war. Um unseren Hippie-Idealen treu zu bleiben, wollten wir uns unser eigenes indianisches Tipi nähen und uns nach einer Kommune auf dem Land umsehen, in der wir es würden aufstellen können. Wir kauften ein Buch über die Herstellung eines Tipis aus wasserdichtem Zelttuch, und da ich ja schon eine erfahrene „Schneiderin" war, war ich zuversichtlich, dass es mir gelingen würde, anhand der Anweisungen und dem Schnittmuster ein Tipi mit circa drei Meter fünfzig Durchmesser zu nähen.

Als ich im sechsten Monat war, kündigte ich meine Arbeitsstelle, um mich ganz dieser Aufgabe widmen zu können. Außerdem fing ich an zu planen, was wir für unser neues Leben im Zelt alles an Haushaltsgegenständen brauchen würden. Alles, was wir nicht mehr brauchten, verkauften wir auf dem Flohmarkt – sogar meine geliebte Dunkelkammer.

Während dieser Zeit arbeitete Thomas immer in den Nachtschichten beim Fotolabor. An seinen freien Tagen plante er jeweils besondere Zeiten ein, in denen er sich mit Hilfe von Büchern und Drogen seinem „spirituellen Wachstum" widmete. Seine Freunde hatten ihn auf die indianische Droge Peyote* gebracht. Dass er auf Bewährung war, kümmerte ihn dabei nicht.

Als er wieder mal Drogen genommen hatte, ging er raus auf unseren Hinterhof, wo eine alte, leere Hühnerhütte stand. Er nahm eine Decke und seine Flöte mit, um dort in der Natur meditieren zu können. Ich hatte in der Küche mexikanische Tortillas zubereitet und war-

* Peyote: eine Pflanze, die die abhängig machende Substanz Meskalin enthält

tete darauf, dass er zum Essen hereinkam. Nachdem es draußen schon dunkel geworden war und es angefangen hatte zu regnen, fragte ich mich, wo er wohl blieb, und ging mit meinem Regenschirm nach draußen, um nach ihm zu schauen. Zu meinem Entsetzen fand ich ihn weinend im strömenden Regen im Schlamm sitzen. Sofort schossen mir die Bilder von seinem schlechten Drogentrip in Berlin durch den Kopf. Meine Angst um ihn war nun noch viel größer als damals. Immerhin war ich jetzt schwanger.

Ich habe noch eine alte Kassette, auf der er später einmal erzählte, was er in der Nacht erlebt hatte:

„Es war an dem Abend sehr stürmisch. Plötzlich wurde mir ganz klar, dass Gott da war und dass ich nicht zu ihm gehörte. Ich wollte ihm aber ganz nah sein, also rief ich zu ihm. Es ist wirklich nur Gottes Gnade zu verdanken, dass ich überhaupt imstande war, ihn zu suchen, obwohl ich so vernebelt und auf Drogen war. Ich glaube, dass seine Engel da waren und kämpften, um die Dunkelheit um mich herum zu verdrängen, damit dieser Weg zu Gott frei werden konnte. Ich sagte zu Gott: ‚Ich will zu dir durchdringen, ich will zu dir kommen.' Das Interessante ist, dass ich gleichzeitig sofort erkannte – und das, obwohl ich die Bibel zu diesem Zeitpunkt noch nie gelesen hatte –, dass ich ein Sünder war. Ich konnte mich in dem Augenblick selbst sehen: ein armer, verlorener und nackter Mensch voller Sünde. Ich erinnerte mich an all die Male, wo ich gelogen, gestohlen und andere Menschen verletzt hatte. Es war ein Erlebnis, das bis in die tiefsten Tiefen meines Inneren reichte. Und ich musste erkennen, dass ich nicht der Typ war, der ich geglaubt hatte zu sein. Ich hatte immer gedacht, dass ich so viel wüsste. Aber in diesem Moment merkte ich, dass

alles, was ich zu wissen meinte, in Gottes Augen gar nichts war. Dann fing ich an, Gott anzuflehen. Ich kannte Jesus zwar nicht, aber ich wusste in dem Moment irgendwie instinktiv, dass Gott ein Vater war, und ich begann nach ihm zu rufen."

Schließlich konnte ich Thomas dazu bewegen, reinzukommen und sich abzutrocknen. Er wollte sofort die Bibel lesen. Zwischen all unseren anderen religiösen Büchern, die neben unserer Buddhastatue aufgereiht waren, stand auch die Bibel, die meine Eltern mir Jahre zuvor geschenkt hatten. Wir wussten nicht, wo wir anfangen sollten zu lesen, aber wir fanden hinten im Buch eine Seite, die überschrieben war mit den Worten „Schriftstellen in Zeiten der Not". Darunter fanden wir das Vaterunser. Wir lasen es gemeinsam. Thomas fand besonders die Worte „Vater unser im Himmel, vergib uns unsere Schuld" sehr tröstlich.

*

Einige Wochen nach diesem Ereignis, im März 1973, war Thomas unterwegs, um noch bevor das Baby kam eine Kommune für uns zu finden. Er trampte auf dem Highway 1 in Richtung Norden. Nach einiger Zeit hielt ein junger Hippie und nahm ihn mit. Die beiden kamen ins Gespräch, wobei sich herausstellte, dass der Mann Christ war. Er erzählte Thomas davon, dass er davon überzeugt sei, dass Jesus der einzige Weg zu Gott sei. Er selbst lebte, wie er berichtete, in einer christlichen Kommune, aber er gab Thomas schließlich auch die Adresse von einer „normalen" Kommune. Diese Konversation tangierte Thomas jedoch kaum. Er war sich sicher, dass Christen zu engstirnig waren und ihm bezüglich seiner Suche nach Wahrheit sicher nicht helfen konnten.

Als er wieder nach Hause kam, berichtete er mir begeistert, dass er in Mendocino eine Kommune für uns gefunden habe, die nahe am Meer lag. Wir borgten uns das Auto meiner Eltern und fuhren dorthin, um die Leute, die da lebten, zu treffen. Die ersten Leute, denen wir dort begegneten, lebten in einem alten Holzhaus nicht weit vom Highway. Bob und Lamer schienen ganz auf unserer Wellenlänge zu sein. Sie hatten gerade eine Hausgeburt hinter sich, was wir fantastisch fanden, da wir ebenfalls mit dem Gedanken gespielt hatten, unser Kind „zu Hause" zur Welt zu bringen – auch wenn unser Zuhause ein Zelt sein würde. Sie meinten, es sei sicherlich kein Problem, wenn wir unser Zelt auf dem Grundstück der Kommune aufstellen würden. Immerhin lebten dort bereits andere in ihren Tipis. Sie zeigten uns eine schöne Stelle in der Nähe von einem Wasserhahn. Alles schien perfekt zu passen, und so einigten wir uns darauf, dass wir im Mai mit all unseren Sachen und unserem Tipi zurückkommen würden.

Jetzt, da wir wussten, wo wir wohnen würden, konnte ich mich richtig in die Vorbereitungen stürzen. Da die Gegend von Mendocino kühl und nebelig war, würden wir warme Sachen brauchen, also häkelte ich eine lila Wolldecke für das Baby. Statt zu einem gewöhnlichen Arzt zu gehen, ging ich während der Schwangerschaft regelmäßig zu einer älteren Frau, die früher Hebamme gewesen war. Sie kannte sich im Umgang mit Heilkräutern und Hausheilmitteln bestens aus und stellte mir einen kompletten Plan für eine Hausgeburt auf – inklusive einer Liste des gesamten Zubehörs, das ich benötigen würde.

Ich hielt mich genau an ihre Anweisungen. Für die Abnabelung sterilisierte ich eine Schere und Schnürsenkel. Saubere Laken und Handtücher verpackte ich in Plastiktüten. Babykleidung, Stoffwindeln und alle weiteren notwendigen Utensilien legte ich in eine Holzkiste, die ich einmal von meiner Oma bekommen hatte. Außerdem las ich ein Buch über Hausgeburten, das mir die Frau gegeben hatte. Zu der Zeit war es in Kalifornien illegal, dass eine Hebamme ohne die Anwesenheit eines Arztes eine Hausgeburt durchführte. In der Hippieszene jedoch waren Hausgeburten dennoch schon längst gang und gäbe. Ich freute mich auf jeden Fall darüber, dass unsere neuen Freunde aus Mendocino schon Erfahrung hatten und wir davon sicherlich profitieren konnten.

Unser Kind sollte Ende Mai auf die Welt kommen, und wir bemühten uns, Kindernamen zu finden, die zu unserer Lebensphilosophie passten. Wir gingen davon aus, dass es ein Junge werden würde, und entschieden uns für den Namen Siddhartha, den wir in einem Buch über eine geistliche Reise gefunden hatten. In einem Liederbuch afrikanischer Volkslieder fanden wir aber auch noch einen schönen Mädchennamen: „Nomtini".

*

Endlich war unser wunderschönes Tipi fertig. Wir kauften eine Plastikplane, die auf dem Boden ausgebreitet werden sollte, und in unseren alten Teppich schnitten wir ein Loch, das groß genug für die Feuerstelle war. Die Holzstangen, auf die der Stoff gespannt wurde, würden oben überkreuzt zu einem Kegel aufgestellt werden. An einer Stelle im Stoff befand sich eine Rauchöffnung, durch die der Rauch von der Feuerstelle nach draußen ziehen konnte.

Unter dem Boden würde ein Rohr von der Feuerstelle nach außen verlegt werden, damit Luft an das Feuer gelangen konnte. Zum Schlafen hatten wir eine große Matratze, und unsere Kleidung und Bücher würden wir in einigen Truhen verstauen, die abends als Tischablage für unsere Ölkerzen dienen konnten.

Neben dem Tipi wollten wir ein zweites, kleineres Zelt aufbauen, das als eine Art Vorratskammer dienen sollte.

Bevor wir in unser „neues Leben" aufbrachen, feierten wir mit unseren Freunden aus der Bay Area Abschied. Dazu gingen wir auf einen Hügel außerhalb der Stadt. Dort banden wir mit Gas gefüllte Luftballons mit bunten Bändern aus Krepppapier zu einer riesigen Kette zusammen, die wir dann gemeinsam in den Himmel steigen ließen. Es sollte ein Symbol für unsere Freundschaft sein. Alle freuten sich für uns. Bis auf meine Eltern, die zutiefst erschüttert darüber waren, dass wir unsere Arbeit und unser Haus hinter uns ließen und – schlimmer noch – eine Hausgeburt geplant hatten.

Als der Zeitpunkt der Abreise für uns gekommen war, borgte sich ein Bekannter von uns den Laster seines Vaters und kam zu unserem Haus, um uns samt unserem Tipi und der Truhen mit unseren Habseligkeiten abzuholen und nach Mendocino zu bringen. Zu dritt saßen wir im Fahrerhaus und brachen zu einer fünfstündigen Autofahrt zu unserem neuen Zuhause auf.

Als wir ankamen, wurden wir gleich freundlich von unseren neuen Freunden Bob und Lamer begrüßt. Wir luden unsere gesamte Habe vor ihrem Haus ab und wurden erst einmal von den beiden hereingebeten. Wir saßen gerade in ihrem Haus beisammen, als plötzlich der Grundstücksbesitzer auftauchte und an ihre Tür klopfte. Er war furchtbar wütend darüber, dass unsere Sachen draußen herumlagen, und verlangte eine Erklärung. Er regte sich darüber auf, dass er nicht gefragt worden war, ob wir überhaupt auf seinem Grundstück wohnen dürften, und dass Bob und Lamer uns eingeladen hatten, ohne ihn um Erlaubnis zu bitten, und schließlich erklärte er uns, dass es keinen Platz für eine weitere Familie gäbe. Dass ich kurz vor der Entbindung stand, interessierte ihn nicht, und er bestand darauf, dass wir verschwanden. Bob entschuldigte sich für diese Entwicklung, meinte aber, dass wir in der Gegend sicherlich ohne Probleme einen anderen Platz finden würden.

Am nächsten Morgen machte sich Thomas wieder per Anhalter auf den Weg, um einen neuen Platz für unser Tipi ausfindig zu machen. Als die Nacht einbrach, war Thomas immer noch nicht zurück. Draußen tobte ein Sturm und es regnete, doch keine Spur von ihm. Wir gingen zu Bett. Aber je später es wurde, desto mehr Sorgen machte ich mir. Ich malte mir immer schrecklichere Szenarien aus. Was, wenn Thomas etwas zugestoßen und er womöglich gestorben war? Ich ging auf die Veranda und schaute in den Himmel hinauf. Tausende von Sternen waren zu sehen. Ich wollte irgendwie beten, doch ich fühlte mich so weit von Gott entfernt wie noch nie zuvor in meinem Leben – als wäre Gott genauso weit weg wie die Sterne dort am Nachthimmel und ich in dieser Welt ganz alleine. Der einzige Gedanke, zu dem ich imstande war, war: *Gott, wo bist du?* Ich erkannte plötzlich, dass all die Philosophien, mit denen ich mich in den vergangenen Jahren beschäftigt hatte – die verschiedenen Religionen, Yoga, Meditation, der Versuch, ein guter Mensch zu sein

– mir nicht helfen konnten. Nichts von alldem konnte mir in diesem Moment der Verzweiflung Frieden schenken.

Erst am nächsten Morgen kam Thomas endlich zurück. Er hatte schlicht und einfach in der Nacht keine Rückfahrmöglichkeit mehr gefunden. Ich war unendlich erleichtert. Er brachte gute Neuigkeiten mit. Ein paar Leute, die er unterwegs getroffen hatte, hatten ihm eine Lichtung im Wald in der Nähe von Westport gezeigt, die für unser Tipi ideal war. Sie lag auf einem Hügel, von dem aus man einen großartigen Blick auf den Pazifik hatte. Bob und Lamer fuhren uns noch am selben Tag mit ihrem Wagen so weit in den Wald wie möglich. Voller Eifer begannen Thomas und die Jungs, auf der Lichtung unser Tipi aufzubauen. Zuerst war das kleine Zelt dran, damit ich beginnen konnte, unsere „Vorratskammer" einzuräumen und eine Mahlzeit für alle zuzubereiten.

Wir brauchten ein paar Tage, um uns in unserer neuen Situation zurechtzufinden und zu Hause zu fühlen. Unser erstes warmes über der Feuerstelle gekochtes Abendessen war eine Suppe aus Brennnesseln, die ich frisch im Wald gepflückt hatte. Dazu gab es Maisfladen. Es war wirklich sehr gemütlich in unserem Zelt, wie wir so im Licht einer Öllampe auf unserem Teppich am Feuer saßen, umgeben von brennenden Kerzen. Wir entschieden uns, einen besonderen Anlass daraus zu machen: Wir wollten unser Heim einweihen und uns auf das Baby vorbereiten. Wir lasen in einem unserer mystischen Bücher und warfen Stöcke auf den Boden, um aus der Art und Weise, wie sie landeten, die Zukunft zu lesen.

*

Eines Morgens wurden wir von einem hämmernden Geräusch geweckt. Zuerst befürchteten wir, dass wir „erwischt“ worden waren, und wir fragten uns besorgt, wer wohl da draußen war. Als es wieder leise geworden war, wagte Thomas sich nach draußen, um die Umgebung auszukundschaften. Als er zurückkam berichtete er, dass an einigen Bäumen Schilder mit der Aufschrift „Jagdgebiet“ angebracht worden waren. Wir befanden uns mitten in staatlichen Jagdgründen. Das bedeutete: Wir mussten sofort hier verschwinden.

Wieder einmal machte Thomas sich per Anhalter auf die Suche nach einer Kommune, die uns aufnehmen würde. Er wurde nach Garbersville mitgenommen, und wieder erzählte der Fahrer ihm von einer christlichen Kommune. Sie sollte an einer Straße Richtung Küste liegen. Thomas entschied sich also, sie sich mal anzusehen, und ließ sich an der Straße, die dorthin führen sollte, absetzen. Er lief sie entlang, bis er an ein großes, hölzernes Kreuz gelangte, das am Straßenrand aufgestellt war. Darauf standen die Worte eingraviert: „Wer kommen will, soll kommen.“ Thomas nahm diesen Spruch wörtlich und betrat das Gelände, das zu einer Ranch gehörte, die *„Living Waters“* genannt wurde.

Thomas traf ein paar Männer und erzählte ihnen, dass wir eine Kommune suchten, woraufhin ihm die Typen versicherten, dass die Worte, die er auf dem Kreuz gelesen hatte, zutrafen: Jeder, der kommen wollte, war hier willkommen. Thomas fühlte sich dort sofort wohl, und er sagte, dass er wahrscheinlich in ein paar Tagen mit seiner Frau und seinem Tipi wiederkommen würde.

Als er wieder zurück war, erzählte er mir von *Living Waters,* und wir sprachen darüber, ob wir uns dieser

Kommune anschließen sollten. Schließlich kamen wir zu dem Ergebnis, dass wir doch erst noch weitersuchen würden, weil wir uns einfach nicht sicher waren, ob wir mit Christen zusammenleben wollten.

Am nächsten Tag machte Thomas sich also erneut auf, um weiter nach einer passenden Kommune zu suchen – dieses Mal wollte er in Richtung Süden fahren. Er stellte sich wieder zum Trampen an den Highway. Zu seinem großen Erstaunen hielt der gleiche junge Mann an, der ihn schon einige Monate zuvor einmal mitgenommen hatte, und ließ ihn einsteigen. Thomas erzählte ihm unsere Geschichte, woraufhin er ihn fragte, ob wir uns nicht doch seiner christlichen Kommune anschließen wollten.

*

Ich bereitete gerade das Essen vor, als Thomas mit Alex*, dem jungen Mann, ins Tipi kam. Alex wollte uns zu seiner Kommune fahren, damit wir uns dort gemeinsam alles anschauen konnten. Obwohl wir Vorbehalte hatten, waren wir doch dankbar dafür, dass uns jemand helfen wollte, denn immerhin konnte unser Baby nun jeden Tag kommen. Wir packten also ein paar Sachen ein, um dort eine Nacht bleiben zu können, und machten uns auf den Weg.

Es war bereits Abend, als wir ankamen, und während wir zum Haupthaus gingen, kamen uns Ströme junger Hippies entgegen. Wir fühlten uns etwas überrumpelt, denn sie kamen gerade aus einer Versammlung und schienen alle ganz aufgeregt und voller Freude zu sein.

* Name geändert

Manche, die bemerkten, dass wir neu waren, kamen direkt auf uns zu und fragten uns: „Seid ihr schon gerettet?"

Ich erinnere mich, dass ich ganz verwirrt antwortete: „Ich hoffe es." Im Grunde hatte ich jedoch keine Ahnung, was sie meinten.

Unser Gastgeber führte uns schließlich in das Versammlungshaus. Er bot uns einen Sitzplatz an dem langen, etwas rustikalen Holztisch im Esszimmer an und servierte uns ein Abendessen und Kräutertee. Ein Freund von ihm, der Tomas hieß, gesellte sich zu uns. Er kam auch gleich zur Sache, als gäbe es keine Zeit zu verlieren. „Gott hat euch hierher geführt", sagte er, „und er möchte, dass ihr das Evangelium von Jesus Christus hört. Deshalb habt ihr bis jetzt auch keinen Platz zum Wohnen gefunden."

Die Leute zeigten ein aufrichtiges Interesse an uns, was uns beeindruckte. Während sie uns zuhörten, als wir ihnen unsere Geschichte über unsere Suche nach Wahrheit erzählten, waren sie ganz fasziniert. Ich kann mich erinnern, dass einer von ihnen sagte, wir würden bestimmt großartige Christen abgeben.

Tomas war Jude und begann uns zu erzählen, wie er die Wahrheit gefunden hatte. Er war sogar bis nach Indien gereist, um einen Guru aufzusuchen. Er berichtete uns, wie er dort Christen begegnet war, die ihm gesagt hatten, dass Jesus die Antwort war, nach der er suchte. Er erzählte, wie ab dem Augenblick, als er Jesus als den Weg, die Wahrheit und das Leben für sich angenommen hatte, seine Suche ein Ende gefunden hatte. Er hatte keinen Zweifel daran, dass Jesus der einzige Weg zu Gott war.

Thomas und ich waren sehr beeindruckt. Wir spürten ihm ab, dass das, was er sagte, stimmte. Wir hatten schon viele von der sogenannten „Wahrheit" reden gehört, doch es war immer etwas eigenartig, kompliziert und gar nicht überzeugend gewesen. Wir konnten seine Suche und Entschlossenheit gut nachvollziehen, und es war offensichtlich, dass er die Antwort in Jesus Christus nicht als irgendetwas sah, dass er selbst in sich bewirkt oder erzeugt hatte. Er schien aufrichtig dankbar dafür zu sein, dass Gott ihn gerettet hatte. Während ich ihm zuhörte, dachte ich bei mir: *Ja, ich weiß, dass Jesus Gottes Sohn ist und dass die Bibel wahr ist,* aber ich verstand nicht, was das für mein Leben bedeutete. Bis dahin hatte ich geglaubt, dass Sünde bedeutete, böse Dinge zu tun, und so hatte ich bis dahin einfach immer versucht, Gutes zu tun und anderen zu helfen. Im Grunde genommen hatte ich aber meine eigenen Maßstäbe entwickelt, nach denen ich meine Entscheidungen traf, anstatt nach denen der Bibel. Und auch die anderen Religionen, mit denen ich mich beschäftigt hatte, bestärkten mich in dem Glauben, dass meine Spiritualität davon abhing, was ich in meinem Leben tat.

Tomas fuhr fort, uns auf sehr einfache Weise zu erklären, warum Gott Jesus auf die Erde gesandt hatte. Er sagte: „Gott ist unser Vater und liebt uns, und er möchte, dass wir Gemeinschaft mit ihm haben können." Er erklärte uns, dass jeder in Sünde lebt. Nicht nur die, die besonders böse Dinge tun, sondern dass auch derjenige sündigt, der einfach seinen eigenen Weg geht und egoistische Entscheidungen trifft. Dass Stolz eben auch Sünde ist und uns von Gott trennt, war für mich neu. „Gott sandte seinen einzigen Sohn, um uns von unserer Überheblichkeit und unserer Sünde zu befreien“, sagte er, „und um das tun zu können, litt er für uns, nahm unsere Sünde auf sich und ging damit ans Kreuz. Er wurde an unserer Stelle bestraft, obwohl er selbst sündlos war.“

Ich hörte ihm aufmerksam zu, während er weitererklärte: „Er starb unseren Tod für uns und ging für uns ins Grab. Doch er blieb nicht dort, sondern stand am dritten Tag von den Toten auf und besiegte somit die Sünde und den Tod. Jetzt gibt es für uns einen Weg zum Vater. Jesus ist eine Brücke, der Weg, über den wir endlich zum Vater im Himmel gelangen können.“

So hatte mir bisher noch keiner von Jesus erzählt. Mein Herz pochte wie wild. „Es ist ganz einfach, über diese Brücke zu gehen“, hörte ich ihn sagen. „Ihr müsst nur glauben, dass Jesus der Sohn Gottes ist und von ihm gesandt wurde. Tut Buße von eurer Eigensinnigkeit, und bittet Gott, den Vater, um Vergebung.“

Was mich aber dann wirklich packte, war, dass er sagte, dass unser Leben für immer verändert sein würde, wenn wir diesen ersten Schritt wagten. „Ihr werdet euch anders fühlen und wissen, dass Gott euch jetzt wirklich nah ist.“ Alles, was wir an diesem Abend gesagt bekamen, drang direkt in unser Herz und wir waren zutiefst bewegt. Die „Brüder“, wie sie sich nannten, fragten uns, ob wir mit ihnen beten wollten, doch Thomas zögerte. Das wäre kein Problem, meinten sie, denn man könnte überall und jederzeit auch alleine zu Gott beten.

Nachdem es mittlerweile schon sehr spät geworden war, entschlossen wir uns, uns schlafen zu legen. Der Einfachheit halber breiteten wir unsere Schlafsäcke direkt auf dem Holzboden des Speisesaals aus. So lagen Thomas und ich nun im Dunkeln auf dem Boden und redeten über all das, was wir gehört hatten. War dies womöglich das Ende unserer Suche? Die Chance auf ein neues, verändertes Leben ganz nah bei Gott? Es schien keinen Zweifel mehr zu geben, dass Jesus die Antwort auf unsere Sehnsucht war. Wir könnten ja einfach so beten, wie die „Brüder" es gesagt hatten, und sehen, was passierte. Wir hatten ja nichts zu verlieren, und wenn wir die Wahrheit wirklich kennen wollten, dann mussten wir es wenigstens versuchen. Vor dem Einschlafen beteten wir also gemeinsam in die Stille des Raumes hinein: „Gott, bitte vergib uns unsere Schuld. Wir glauben, dass du deinen Sohn Jesus gesandt hast, um uns zu retten."

*

Am nächsten Morgen wurden wir vom Geklapper von Geschirr und Besteck geweckt. Ein paar Frauen waren dabei, das Frühstück vorzubereiten. Mein erster Gedanke nach dem Aufwachen war unser Gebet vom Abend. Tomas und Alex hatten gesagt, wir würden anders und unser Leben würde für immer verändert sein. Ich fragte mich, ob ich an diesem Tag irgendetwas merken würde. Nachdem wir uns angezogen und im Bad frisch gemacht hatten, fragte ich die Frauen, die das Frühstück vorbereiteten, ob ich helfen könnte.

Ich hatte eingeweichte Sojabohnen dabei und die Frauen ließen mich diese nebenbei im Backofen rösten. Während der weiteren Vorbereitungen für das Frühstück vergaß ich die Bohnen jedoch völlig. Als ich merkte, dass sie verbrannten, reagierte ich wie sonst auch immer: Ich fluchte. Ich weiß nicht, ob jemand anders es gehört hatte, aber es war mir sofort unangenehm. Kaum, dass ich es ausgesprochen hatte, war mir klar, dass ich nie wieder solche Worte in den Mund nehmen wollte – als wüsste ich intuitiv, dass es nicht in Ordnung war. Ich war mir plötzlich bewusst, dass Gott mich hörte und dass es nicht zu ihm passte, dass es Sünde war. Von dem Tag an veränderte sich meine Ausdrucksweise, und ich erkannte, dass dies die Antwort auf meine Frage war. Ja, ich war neu. Ich war anders. Und ich hatte nicht den geringsten Zweifel: Gott war echt. Er hatte mein Gebet erhört, er hatte mir vergeben und mein Leben verändert.

Beim Frühstück setzten sich die Männer vom Vorabend zu uns und wir erzählten ihnen von unserem Gebet. Sie baten uns, zu bleiben und in der Kommune zu leben, doch Thomas musste an *Living Waters* denken. Das Grundstück dort war viel größer und die ganze Atmosphäre hatte ihm dort einfach mehr zugesagt, also sagte er ihnen, dass wir mit unserem Tipi dorthin ziehen würden. Wir verabschiedeten uns und gingen in Richtung Highway 1.

Es war noch sehr früh am Morgen. Nebelschwaden hingen in der kalten Luft. Die einzige Möglichkeit, zu unserem Tipi zu gelangen, bestand darin, ein Auto anzuhalten. Also suchten wir eine günstige Stelle am Highway, um auf eine Mitfahrgelegenheit zu warten. Wir spürten beide, dass etwas Großartiges geschehen war, seit wir in der Nacht zu Jesus gebetet hatten. Wir waren von dieser unvorhergesehenen Veränderung überwältigt und irgendwie ein bisschen aufgeregt. Ich erinnere mich noch daran, wie ich im Gras auf meinem Schlafsack saß und Thomas an der Straße mit ausgestrecktem Daumen stand. „Na ja, das heißt wohl, dass wir jetzt Christen sind“, sagte er. „Aber wir werden nicht wie die anderen Christen sein, die anderen Menschen immer predigen. Du weißt schon ... so wie Missionare.“

7

Wir waren also im Begriff, in eine christliche Kommune zu ziehen. Jetzt mussten wir nur wieder jemanden finden, der im Besitz eines Trucks war und uns beim Umziehen half. Da ich mich nicht besonders wohlfühlte und sehr schlapp war, beschlossen wir, einen Bekannten, den Thomas erst kürzlich kennengelernt hatte, zu fragen, ob ich mich bei ihm und seiner Freundin ausruhen könnte. Thomas würde mich am Abend abholen, sobald er unser Tipi zusammengepackt hatte. Zu der Zeit war es sehr einfach, per Anhalter herumzukommen – besonders auf dem Land, weil dort viele Hippies lebten. Ich war dankbar, dass die beiden nichts dagegen hatten, dass ich bei ihnen blieb. Sie lebten in einer gemütlichen Blockhütte mit einem Holzofen im Wohnzimmer und einem richtigen Badezimmer. So einen „Luxus" waren wir nicht mehr gewohnt. Die beiden boten mir sogar ein Schlafzimmer an, wo ich mich etwas hinlegen konnte, was meinem Rücken richtig guttat.

Wieder war ich alleine bei Fremden und musste auf Thomas warten. Aber dieses Mal gab es einen entscheidenden Unterschied zu der letzten Nacht, in der ich von Angst geplagt und voller Sorge auf ihn gewartet hatte. Ich war innerlich erfüllt von Frieden, und ich spürte die vollkommene Gewissheit, dass Gott bei mir war. Ich war nicht wirklich allein, und anstatt mir Sorgen zu machen, betete ich einfach für Thomas. Dann fing ich an, das Lied „Kumbaya“ zu singen, und ich dichtete meine eigenen Gebetszeilen dazu, während ich dalag und die Geborgenheit in Gottes Gegenwart genoss. In meinem Herzen sang ich zu Jesus, und ich war mir sicher, dass er mich hörte.

Irgendwann schlief ich ruhig ein.

*

Als ich wieder aufwachte, ging es mir schon viel besser, und ich fühlte mich kräftig genug, um mit Larry und Jill* draußen in der Sonne etwas zu Mittag zu essen. Ich rechnete eigentlich fest damit, dass Thomas in nicht allzu langer Zeit wieder da sein würde. Während der Nachmittag verstrich, merkte ich, dass meine Wehen einsetzten und mit der Zeit in immer regelmäßigeren Abständen kamen. Ich fragte mich, ob dies bedeutete, dass das Kind nun kommen würde. Der offizielle Termin war eigentlich erst in circa zwei Wochen.

Ich selbst war bei dem Gedanken, dass es vielleicht schon sehr bald so weit sein könnte, verhältnismäßig ruhig, doch für meine Gastgeber war es ein Riesen-

* Namen geändert

schock, als ich ihnen so nebenbei mitteilte, dass ich das Gefühl hatte, als ginge es jetzt los. Ich erzählte ihnen, dass wir auf eine Hausgeburt vorbereitet waren und nicht vorhatten, in ein Krankenhaus zu fahren. Wie gesagt, waren Hausgeburten in Hippiekreisen damals nicht ganz ungewöhnlich, doch der Gedanke, dass ich mein Baby womöglich in ihrem Haus auf die Welt bringen könnte, war den beiden, glaube ich, nicht ganz geheuer.

Als der Abend hereinbrach, wurden wir langsam unruhig, wo Thomas wohl blieb. Meine Wehen wurden immer stärker – ebenso wie die Nervosität des Pärchens, auch wenn die beiden sich kaum was anmerken ließen. Ich war innerlich nach wie vor recht entspannt und begann einfach dafür zu beten, dass Thomas noch vor der Geburt zurückkehren würde.

Gegen 23 Uhr tauchte Thomas schließlich auf. Wir erschraken, als wir ihn sahen. Ich erkannte ihn fast nicht wieder. Er trug fremde Kleidung und war offensichtlich total erschöpft. Doch kaum war er wieder da, fingen meine Wehen so richtig an, und während wir versuchten, uns auf die Geburt vorzubereiten, begann er zu erzählen, was passiert war.

Er hatte sich entschlossen, nicht wie auf dem Hinweg per Anhalter zurückzufahren, sondern zu Fuß über einen Trampelpfad zu gehen, von dem er annahm, dass er eine Abkürzung war. Also ging er zum Strand hinunter, um am Meer entlangzulaufen, bis er den Hügel sehen würde, auf dem unser Tipi stand.

Als er aber irgendwann merkte, dass er nicht genau wusste, ob er noch richtig war, wurde er nervös. Natürlich wäre es klüger gewesen, einfach zurück zur Hauptstraße zu gehen, um von dort aus zum Tipi zu gelangen. Im Nachhinein war ihm klar, dass an dieser Stelle ein geistlicher Kampf um sein Leben begonnen hatte. Nur wenige Stunden zuvor hatte er sich entschieden zu glauben, dass Jesus Christus Gottes Sohn und sein persönlicher Erlöser war. Jetzt waren die dunklen Gewalten der Finsternis in Bewegung, um dem Ganzen ein Ende zu machen.

Thomas erzählte, wie er plötzlich an einen sehr steinigen und kaum begehbaren Klippenabschnitt gekommen war, der ins Meer hinausragte. Er hatte versucht, darüber zu klettern, doch die Felsen waren viel zu steil und rutschig. Nachdem er sich dabei verletzt hatte, war ihm klar, dass er sich etwas anderes einfallen lassen musste. Es blieben ihm nur zwei Alternativen: Entweder er musste den ganzen Weg wieder zurückgehen oder er musste um diese Klippe herumschwimmen. Da er ein recht guter Schwimmer war und die Wellen nicht allzu bedrohlich erschienen, dachte er, er würde es sicherlich schaffen, die kurze Strecke zu schwimmen. Weil er aber seine ganze Kleidung brauchte, behielt er sie komplett an – sogar seine mexikanische Wolljacke. Nachdem er sich in die starke Brandung begeben hatte, seine Jacke sich mit dem Wasser vollgesogen und die Strömung ihn erfasst hatte, war ihm jedoch klar, dass dies ein gewaltiger Fehler gewesen war.

Er versuchte, wieder an Land zu kommen, indem er sich an den Felsen und Klippen festhielt, um sich herauszuziehen, doch sie waren zu rutschig, als dass er Halt daran finden konnte. Stattdessen schnitt er sich die Hände und Füße blutig. Dabei warfen ihn die Wellen ununterbrochen mit starker Wucht gegen die steinigen

Felsen. Immer wieder startete er den Versuch weiterzuschwimmen, doch es war unmöglich. Die Wassermassen zogen ihn immer wieder mit gewaltiger Kraft nach unten in die Tiefe. Er hatte die Gefahr dieser unteren Strömung völlig unterschätzt, da sie für das bloße Auge nicht erkennbar war.

Rückblickend meinte er, dass er vielleicht 20 Minuten gegen den Sog angekämpft haben musste, doch wie viel Zeit während dieses Kampfes ums blanke Überleben tatsächlich vergangen war, konnte er nicht sagen. Er war ganz alleine, keine Menschenseele weit und breit. Seine Kraft ließ immer mehr nach, bis es so weit war, dass er wusste, wenn er das nächste Mal heruntergezogen würde, würde er es nicht wieder an die Oberfläche schaffen. Er war sich sicher, dass sein Leben jetzt zu Ende ging, und er erzählte uns, dass er sich in diesem Moment nicht an eine seiner großartigen Philosophien über Gott und das Universum erinnern konnte. Nur ein einziger kristallklarer Gedanke erfüllte ihn: *Rufe zu Jesus und er wird dich retten.* Ob er es mit dem Mund aussprach oder es nur in seinem Herzen dachte, wusste er nicht mehr, nur noch, dass er schrie: „Jesus, rette mich!“

> *Denn wer den Namen des Herrn anrufen wird, soll gerettet werden.*
> Röm. 10,13

Das Nächste, woran er sich erinnern konnte, war, dass er außerhalb des Wassers wieder zu sich kam und merkte, dass er am Strand lag, und zwar auf der Seite, zu der er hatte schwimmen wollen. Er hatte keine Ahnung, wie er dahingelangt war. Nur eines wusste er genau: Jesus hatte ihn vor dem Ertrinken aus dem Meer gerettet. Engel mussten ihn aus dem Wasser gezogen und an Land gebracht haben.

Mühsam stellte er sich auf die Beine und schleppte sich in den Wald, wo er sich sicher war, andere Leute zu finden, die dort in ihren Tipis lebten. Tatsächlich traf er auf einige Hippies. Schockiert über seinen Zustand nahmen sie ihn sofort auf und versorgten ihn. Als sie seine Geschichte hörten, kamen sie aus dem Staunen nicht mehr heraus, denn es war bekannt, dass schon viele an der Stelle ertrunken waren. Sie konnten nicht begreifen, wie er da wieder herausgekommen war.

> *Er streckte seine Hand aus von der Höhe und fasste mich und zog mich aus großen Wassern.*
> Ps. 18,17; L

Thomas wagte in diesem Moment nicht zu sagen, dass er sich sicher war, dass Jesus ihn gerettet hatte. „Der große Geist des Himmels" habe ihn herausgeholt, meinte er nur, obwohl er nur ein paar Minuten vorher am eigenen Leib erfahren hatte, wie viel Kraft in dem Namen Jesus liegt. Doch jetzt schämte er sich, darüber Zeugnis abzulegen. Einige Wochen später erzählte er mir, wie sehr er es immer noch bereute, Jesus gleich am ersten Tag geleugnet zu haben. Die Leute gaben ihm schließlich trockene Kleidung und brachten ihn zu mir.

Als wäre das nicht schon Abenteuer genug für einen Tag gewesen, wurde er nun gleich mit der Tatsache konfrontiert, dass unser Baby im Begriff war zu kommen. Während ich in den Wehen lag, gab ich ihm, Larry und Jill Anweisungen, was zu tun war. Meine sorgfältig gepackte Kiste mit sterilisierten Laken und Babykleidung war ja schließlich immer noch in unserem Tipi und somit im Moment unerreichbar. Ein Schnürsenkel und eine Schere wurden in der Pfanne steril gekocht, um damit nachher die Abnabelung vornehmen zu können. Unsere Gastgeber entfachten ein Feuer im Holzofen und breiteten auf dem Boden davor saubere Laken aus, auf die ich mich setzen konnte. Thomas war körperlich wirklich am Ende und konnte den ganzen Trubel kaum verkraften, sodass er irgendwann ins Bad rannte, weil er sich übergeben musste.

Noch wenige Monate zuvor hätten wir uns nicht in unseren wildesten Träumen vorstellen können, dass die Geburt unseres Babys unter so außergewöhnlichen Umständen vonstatten gehen würde. Wir hatten aber nun die Zuversicht, dass Gott an unserer Seite war und uns helfen und vor allem unser Baby beschützen würde. Mir kam es wie ein Wunder vor, dass wir ausgerechnet in der Nacht zuvor zu Jesus gefunden hatten. Aber in jedem Fall war das die beste Voraussetzung für unser Kind.

Wir saßen vor dem Feuer, und als die Wehen immer heftiger wurden, half Thomas mir mit meinen Atemübungen. Als es tatsächlich losging, tat er sein Bestes, mir zu helfen, obwohl er kaum eine Ahnung hatte, was genau passierte. Unsere Gastgeber saßen da und beobachteten das Ganze, überwältigt von der Tatsache, dass dies alles in ihrem Haus vor ihren eigenen Augen ablief.

Endlich war es so weit. Ich kniete auf dem Boden, nach der Geburtsmethode der Indianer, und nach einigem Pressen erschien das Köpfchen mit dem Gesicht nach oben und dann rutschte das Baby direkt in die Arme seines Daddys. Thomas war überrascht zu sehen, dass die Augen des Mädchens geöffnet waren, als sehe es ihn direkt an. Was für ein berauschendes und wunderschönes Erlebnis, endlich unser kleines Töchterchen Nomtini in unseren Armen zu halten. Da wir weder Kleidung noch Windeln für sie hatten, wickelten wir sie in mein Nachthemd.

Wir waren überwältigt. Innerhalb von gerade einmal 24 Stunden hatte sich unser Leben komplett verändert. Wir hatten Gott um Vergebung unserer Sünden gebeten, Thomas war knapp dem Tode entronnen und wir waren Eltern geworden. Vor der Geburt hatten wir noch vorgehabt, auf die christliche Ranch zu ziehen, doch jetzt kamen uns Zweifel. War das eine kluge Idee und würden wir mit dem Baby wirklich unseren bisherigen Lebensstil fortführen können? Larry ließ uns wissen, dass wir zwar noch ein paar wenige Tage bei ihnen bleiben konnten, damit ich mich von den Strapazen der Geburt erholen konnte, dass wir dann aber würden gehen müssen. Wir besprachen unsere Situation, und Larry bot Thomas schließlich an, ihn nach *Living Waters* zu fahren, damit er sich noch einmal ein Bild von den Bedingungen dort machen und danach eine Entscheidung treffen konnte. So blieb ich also abermals im Haus zurück und verbrachte den Tag mit Warten und Beten in Ungewissheit dessen, was uns die Zukunft bringen würde. Ich vertraute Thomas, dass er schon wissen würde, was zu tun ist.

Als Thomas und Larry abends zurückkehrten, waren beide außer sich vor Freude. Sie strahlten über das ganze Gesicht und schienen völlig verändert zu sein. Als Thomas in der Woche zuvor nach seinem Kampf ums Überleben in den Kleidern eines anderen zur Tür hereingestolpert war, hatte er schon ausgesehen wie ein Fremder. An diesem Abend war es ähnlich. Ich erkannte die beiden kaum wieder. Sie schienen vor Glück fast zu platzen und in seiner Hand hielt Thomas eine Bibel. Er brachte zunächst fast kein Wort heraus. Er stammelte einfach nur so etwas wie „Danke, Jesus" und „Ich bin neu". Er hielt die Bibel so fest, als hätte er mit ihr etwas höchst Wichtiges anvertraut bekommen. Schließlich erzählte er dann von drei jungen Männern, die ihn und Larry empfangen hatten, als sie auf der Ranch eingetroffen waren. Sie hatten sie eingeladen, ihnen in ihr kleines Büro zu folgen, das sich in einem beeindruckenden kuppelartigen Gebäude aus Holz befand. Es handelte sich dabei um den großen Versammlungsraum, der gleichzeitig Küche und Speisesaal für über hundert Leute war. Im Dach der Kuppel befand sich ein Fenster, dessen Scheiben in der Form eines Davidsterns angeordnet waren.

Thomas erzählte ihnen unsere Geschichte und davon, wie wir in der anderen christlichen Kommune zu Gott gebetet hatten. Einer der Brüder erklärte Thomas, dass die Entscheidung, an Jesus zu glauben, auch bedeutete, ihm von nun an nachzufolgen und sein Jünger zu werden. Er schlug mit ihm die Bibel im Matthäusevangelium auf, wo beschrieben wird, dass ein Mensch die Kosten überschlagen soll und bereit sein muss, alles hinter sich zu lassen: „Wenn jemand mir nachkommen will, der verleugne sich selbst und nehme sein Kreuz auf und folge mir nach" (Matthäus 16,24–27). Er wollte ihm damit klarmachen: Dies ist die wichtigste Entscheidung, die ein Mensch im Leben trifft, und sie bedeutet, dass man sich von dem alten Leben abwendet und durch Christus erneuert wird.

Thomas sprudelte nur so über, als er mir erzählte, dass er das Gefühl gehabt hatte, Gott würde ihm laut zurufen: „Komm, folge mir!“ Jetzt, da er durch Jesus aus dem Meer gerettet worden war, wusste er, dass für ihn der Moment gekommen war, seine Hingabe an Jesus zu besiegeln und nie wieder umzukehren.

Er erklärte mir, dass es für ihn klar war, dass Gott ihn an diesen Platz geführt hatte, um ein ganz neues Leben anzufangen. Zusammen mit den Männern beteten er und Larry zu Jesus. Thomas hatte sich entschieden. Er wollte von nun an Jesus nachfolgen und sein Jünger werden.

Der „Bruder“, der außerdem einer der sogenannten Ältesten und deswegen auch mitverantwortlich für die Leute war, die in der Kommune lebten, sagte ihm, dass wir herzlich eingeladen seien, mit unserem Tipi nach *Living Waters* zu kommen, wenn wir ernsthaft daran interessiert seien, mehr über Jesus zu lernen. Die einzige Frage, die er vorher geklärt haben wollte, war, ob wir gesetzlich verheiratet waren, denn für unverheiratete Paare war es nicht erlaubt, gemeinsam dort zu leben.

Die jungen Männer gaben Thomas und seinem Begleiter jeweils eine Bibel und ermutigten sie, jeden Tag darin zu lesen. Thomas versprach, am nächsten Tag mit seiner Frau, seinem Neugeborenen und seinem Tipi zurückzukehren.

Thomas war sich sicher, dass Gott persönlich die Umstände für uns so arrangiert hatte, dass wir an diesem Ort landen würden. Mit einem Mal war unsere Suche nach Wahrheit und nach einem Zuhause endgültig abgeschlossen. „Wir brauchen nur Gott zu vertrauen“, beruhigte er mich, „und uns nicht um die Kleinigkeiten zu sorgen, dann wird sich schon alles Stück für Stück ergeben.“

8

Zehn Tage nach der Geburt unser Tochter saßen wir mit unserem Baby und unserem Tipi auf der Ladefläche von Larrys Truck und fuhren durch die *Redwood*-Wälder zu unserem neuen Zuhause. Dies war unser erster großer Schritt in Richtung „Gottvertrauen“.

Als wir uns der Lichtung im Wald näherten, auf der die Ranch stand, fiel mir als Allererstes das große hölzerne Kreuz auf. Die Worte „Wer kommen will, soll kommen“ waren mir nach all den Strapazen unserer endlosen Suche wie ein starker Trost.

Thomas brachte unsere kleine Nomtini und mich zuallererst zur „Kuppel“, wie der Hauptversammlungsraum genannt wurde, um uns den „Brüdern“ und „Schwestern“ vorzustellen, die sich gerade in der Küche aufhielten. Thomas wurde wieder ins Büro gebeten. Die Brüder wollten ihm erklären, was wir noch alles wissen mussten.

Währenddessen nahmen sich die Schwestern Zeit für mich. Sie freuten sich sichtlich, dass wir uns der Kommune anschließen wollten. Die Frauen waren ganz aufgeregt darüber, dass ich auch schon an Jesus glaubte, und erzählten mir, dass dies bedeutete, dass von nun an Jesus der Herr meines Lebens war. Diese simple und doch einleuchtende Botschaft hatte ich so formuliert noch nie zuvor gehört, aber es war für mich das Natürlichste von der Welt, mit ihnen zu beten und meine Hingabe an Jesus nun ebenfalls fest zu besiegeln. Ich bat Jesus, in mein Leben zu kommen und mir zu vergeben, dass ich bisher versucht hatte, ohne ihn klarzukommen. Ich nahm ihn als meinen persönlichen Herrn und Erlöser an.

Alle, die zum Glauben gekommen waren, bildeten eine enge Gemeinschaft und taten ihren ganzen Besitz zusammen ... Tag für Tag versammelten sie sich einmütig im Tempel, und in ihren Häusern hielten sie das Mahl des Herrn und aßen gemeinsam, mit jubelnder Freude und reinem Herzen.
Apg. 2,44–46; GN

In dem Gespräch der Männer ging es derweil um ganz praktische Dinge. Die Brüder erklärten Thomas, wie das Zusammenleben auf *Living Waters* organisiert war. Anstatt Miete zu bezahlen wurde es so gehandhabt, dass die Männer sich in verschiedenen Teams zusammentaten, um anfallende Arbeiten auf dem Gelände zu erledigen. Einige arbeiteten auch außerhalb der Kommune, um Geld zu verdienen, das dann in einen Topf für die Gemeinschaft kam und von dem jeder ein „Taschengeld“ bekam. Jeder erhielt gleich viel, ohne jegliche

Bevorzugung. Die Menschen in der Kommune wollten leben wie die ersten Christen, von denen in der Apostelgeschichte geschrieben wird, dass sie sich dem Wort Gottes, der Gemeinschaft, dem gemeinsamen Gebet und Essen und dem Teilen von allem, was sie besaßen, verpflichtet hatten.

Unsere neuen Freunde in der Kommune fanden ein schönes Plätzchen für unser Tipi. Sie baten einige junge Männer, unsere Sachen für uns dorthin zu tragen, und boten uns an, vorübergehend einige Tage in einem Haus auf dem Gelände zu wohnen, bis das Tipi aufgebaut war. Nicht weit von unserem Tipi-Platz entfernt gab es einen Wasserhahn, der aus dem Boden ragte. Wir durften Bad und Dusche im nächststehenden Haus mitbenutzen.

Auf dem Grundstück verteilt standen sehr viele unterschiedliche Häuser. Es waren alles einfache Holzhütten, die mit Öfen beheizt wurden. In jeder Hütte gab es mehrere Schlafzimmer. Manche waren für Familien, dann gab es noch ein reines „Brüder"-Haus, ein reines „Schwestern"-Haus und eins für alleinerziehende Mütter.

*

Nachdem wir so richtig „angekommen" waren, riefen wir meine Eltern an. Meine Mutter brach in Tränen aus, als ich ihr erzählte, dass Thomas und ich unser Leben Jesus Christus übergeben hatten. Einige Wochen später kamen sie zu Besuch, um uns und ihr erstes Enkelkind in die Arme zu schließen. Sie nahmen mit uns an den gemeinsamen Mahlzeiten und dem Bibelabend teil, und mein Vater war überglücklich und erleichtert zu sehen, dass wir nicht in irgendeine Sekte geraten, sondern auf aufrichtige Christen gestoßen waren, auch wenn viele von ihnen Hippies waren.

Wir verbrachten eine schöne Zeit als Familie in unserem Tipi und Thomas bat meinen Dad um Vergebung für all die Schwierigkeiten, die er ihm gemacht hatte. Daraufhin beteten wir alle zusammen zu unserem gemeinsamen Vater im Himmel.

*

Ein normaler Tag auf der Ranch begann um sieben Uhr morgens mit einem gemeinsamen Frühstück im großen Speisesaal. Wir packten unser Baby dann immer in die Tragetasche und spazierten durch den meist noch etwas nebligen Wald, über eine Hängebrücke, die über den Bach führte, bis hin zur „Kuppel". Dort standen wir dann alle in einem großen Kreis um die Tische herum, hielten uns an den Händen, dankten Gott fürs Essen und sangen ein Lied.

Nach dem Frühstück machte sich jeder an seine Aufgaben für den Tag. Die Aufgaben wurden alle paar Wochen neu verteilt, damit man etwas Abwechslung hatte. Ein System zu haben war wichtig, immerhin lebten auf der Ranch ungefähr 130 Personen zusammen.

Mir wurde ein Job in der Wäscherei zugeteilt. Der Waschraum befand sich im Haus der alleinerziehenden Mütter, so konnte Nomtini mit den Kindern dieser Frauen spielen, während ich arbeitete.

Die sogenannte „Waschmaschine" war ein echt antikes Teil. Man füllte sie mit Hilfe eines Schlauches mit Wasser, in das die Wäschestücke gelegt wurden. Um die Wäsche anschließend auszuwringen, presste man sie durch zwei Rollen, die man mit einer Drehschraube bewegte.

Neben dem Haus der alleinerziehenden Mütter stand der sogenannte „Gratis-Shop". Im Grunde war es eine Kammer, in der gebrauchte und ordentlich sortierte Kleider und Schuhe gelagert wurden. Wenn jemand etwas benötigte, konnte er daraus nehmen, was immer ihm passte.

Um neun Uhr morgens läutete dann eine bronzene Küchenglocke, die jeder, der sich irgendwo auf dem riesigen Gelände befand, hören konnte. Dann legte man vorerst die Arbeit nieder, um eine Stunde lang in der Bibel zu lesen. Anschließend wurde wieder weitergearbeitet. Das nächste Mal erklang die Glocke um 13 Uhr zum Mittagessen.

Thomas hatte zunächst einmal die Aufgabe bekommen, den Gemüsegarten der Kommune zu pflegen, der ganz in der Nähe unseres Tipis lag. Es war für ihn eine große Versuchung, zwischendrin einfach mal zum Tipi zu gehen und sich ein Mittagsschläfchen zu gönnen, statt seiner Arbeit nachzugehen. Es dauerte ein Weilchen, bis wir lernten, die Regeln und die Aufgaben der Gemeinschaft ernst zu nehmen.

> *Und alles, was ihr tut, im Wort oder im Werk, alles tut im Namen des Herrn Jesus, und sagt Gott, dem Vater, Dank durch ihn.*
> Kol. 3,17

Aber wir lernten auf *Living Waters* nicht nur, Verantwortung zu übernehmen. Wir wurden auch in der Bibel und einem Leben mit Gott unterrichtet. Montags, mittwochs und freitags fanden immer sogenannte „Versammlungsabende“ statt, an denen gesungen, gebetet und die Bibel studiert wurde. In der „Kuppel“ stand ein altes Klavier und es gab mehrere Gitarren. Bei den meisten Songs handelte es sich einfach um Melodien, die jemand zu Bibelstellen komponiert hatte. Die Abende waren immer sehr lebendig. Zum Gesang wurde geklatscht und manchmal sogar getanzt.

> *Lobt Gott mit Trommeln und Freudentanz, mit Flöten und mit Saitenspiel.*
> Ps. 150,4; GN

Fast täglich tauchten neue Leute auf der Ranch auf und entschieden sich, Jesus nachzufolgen. Bei einer Abendversammlung sprach einer der Ältesten über die Taufe. Er las uns Verse aus der Bibel vor, in denen steht, dass Jesus getauft wurde und seine Nachfolger, die „Jünger“ genannt wurden, sich ebenfalls taufen ließen.

Er kündigte an, dass es an einem der kommenden Sonntage im Fluss eine Taufe für all diejenigen geben würde, die sich taufen lassen wollten. Bisher hatte ich nie davon gehört, dass Erwachsene sich taufen ließen, aber wir wollten wirklich „alles“ tun, was die Bibel uns lehrte, und so entschlossen auch wir uns dazu, diesen Schritt zu tun.

> *Wer zum Glauben kommt und sich taufen lässt, wird gerettet.*
> Mk. 16,16; GN

Es war eindrucksvoll und aufregend, als sich 20 „Neubekehrte“ am Tag der Taufe am Wasser aufstellten, um anschließend ins Wasser zu waten. Jeder von uns bekannte laut vor der ganzen versammelten Gruppe, dass wir glaubten, dass Jesus Gottes Sohn ist, dass wir uns von der Sünde und unserem alten Leben abgewandt hatten und von nun an Jesus, unserem alleinigen Herrn, dienen wollten. Anschließend wurden wir alle nacheinander von den Ältesten getauft. Dabei hielten sie uns fest und tauchten uns rückwärts in das Wasser. Ich erinnere mich noch daran, dass ich mich beim Auftauchen regelrecht gereinigt und wie eine neue Person fühlte. In gewisser Weise fühlte ich, dass ich zwar noch in der Welt lebte, doch von nun an auch in dem geistlichen und unsichtbaren Königreich von Jesus lebte.

Sie sind nicht von der Welt, wie ich nicht von der Welt bin.
Joh. 17,16

Irgendwann kamen einige von uns auf den Gedanken, dass es doch eigentlich irgendwelche praktischen Konsequenzen haben müsste, dass wir wie die Jünger Jesu „alles aufgegeben" hatten (Matthäus 19,27). Also beschlossen wir, ein großes Lagerfeuer zu machen, in dem wir alles, was zu unserem „alten Leben" gehört hatte, verbrennen wollten. Wir trugen all unsere Bücher über andere Religionen zusammen, und viele – so auch Thomas – holten ihre letzten Marihuanareserven und diverse andere Drogen hervor, um sie ein für alle Mal loszuwerden. Wir sangen und priesen Gott in der Nacht dafür, dass er uns von all diesen Dingen befreit hatte, während wir zusahen, wie unsere einst so wertvollen Habseligkeiten verbrannten und in Rauch aufgingen. Das nächste Thema waren die „Hippiehaare" bei den Männern. Sie hatten dadurch ursprünglich zum Ausdruck bringen wollen, dass sie sich nicht der Gesellschaft anpassen wollten. Nun war ihnen klar: Die Haare mussten ab. Es gab auf der Ranch eine junge

Frau, die gelernte Friseurin war, also stellten sich die Jungs an einem Nachmittag alle auf einer der Wiesen auf, um sich von ihren wunderschönen Locken zu verabschieden.

Wir fingen nach und nach an, wirklich zu verstehen, was es bedeutete, ein neues Leben mit Jesus zu führen. Durch den Bibelunterricht und die Erfahrungen, die wir auf *Living Waters* machten, merkten wir, wie Gott uns herausforderte, tief in unserem Innersten von ihm verwandelt zu werden.

Das drückte sich auch in kleinen Dingen aus. Bislang hatten Thomas und ich unsere Mahlzeiten bis auf das Frühstück in unserem Tipi eingenommen, weil wir unsere vegetarische Ernährung hatten beibehalten wollen. Doch mit der Zeit merkten wir, dass es nicht gut war, dass wir uns nur wegen des vegetarischen Essens von den anderen absonderten. Zudem war diese Ernährungsweise im Grunde ohnehin nicht mehr als eine Obsession aus der Vergangenheit und wir wollten doch wirklich frei sein und ein neues Leben führen. Wir baten Gott also, uns zu helfen, uns wirklich ganz auf die Gemeinschaft einzulassen.

Sagt in allem Dank! Denn dies ist der Wille Gottes in Christus Jesus für euch.
1. Thess. 5,18

Von nun an nahmen wir an den gemeinsamen Mahlzeiten teil. Es war wie eine Glaubensprüfung für uns, bei der wir sehen konnten, ob wir es mit dem Vertrauen und dem Gehorsam zu Gott ernst meinten. Als ich plötzlich krank wurde, wollte ich natürlich gleich das Essen dafür verantwortlich machen. Ich weiß noch, wie ich mit einer Erkältung im Tipi lag und Thomas mich an einen Bibelabend erinnerte, an dem wir gelernt hatten, Jesus in allem zu danken. Zu maulen hätte bedeutet, Gott nicht zu vertrauen. Und so ermutigte Thomas mich, Gott trotz meines Unwohlseins laut zu danken. Zuerst kam ich mir albern vor, doch kaum hatte ich angefangen, Gott zu danken, spürte ich seine Nähe und wurde mit Freude erfüllt – trotz der Schmerzen.

*

Thomas hatte im Umgang mit den „Brüdern“ und „Schwestern“ auf *Living Waters* oft das Gefühl, dass er nicht er selbst sein konnte. Er fühlte sich in ihrer Gegenwart oft gehemmt. Er wollte so gerne mit den anderen einfach normale und entspannte Unterhaltungen führen, aber nichts fiel ihm schwerer als das. In der Vergangenheit hatte er gelernt, einen auf „weise“ zu machen und hatte so eine Fassade aufgebaut. Jetzt, da diese Schutzmauer durch sein neues Leben in sich zusammengefallen war, kämpfte er mit seiner Unsicherheit und gleichermaßen mit seinem Stolz.

Denn das Wort Gottes ist lebendig und wirksam und schärfer als jedes zweischneidige Schwert und durchdringend bis zur Scheidung von Seele und Geist ...
Hebr. 4,12

Samstags ging er deswegen häufig in aller Frühe den Hügel hinauf zum sogenannten „Gebetshäuschen“. Dort, in der Stille vor Gott, flehte er seinen himmlischen Vater an, ihn doch von seinem Stolz und seinen Komplexen zu befreien. Er verbrachte Stunden damit, in der Bibel zu lesen, und bat Jesus, seine Seele durch Gottes lebendiges Wort zu befreien.

Als Antwort auf sein Flehen sprach Gott ihn durch sein Wort an und machte ihn auf einige Bereiche in seinem Leben aufmerksam, die er loslassen und an ihn abgeben musste. Das Erste war das, was er als seine Identität ansah: sein „Musiker"-Dasein. Also entschied er sich, jedes Instrument – seine Querflöte, die Gitarre, das Klavier und seine Trompete – erst einmal „auf Eis zu legen" und nicht mehr zu spielen, um sich innerlich davon zu lösen.

> *Wer sein Leben um meinetwillen verliert, wird es gewinnen.*
> Matth. 16,25; GN

Der zweite Bereich, in dem sich bei ihm etwas tun musste, war die Vergebung. Er wusste, dass es an der Zeit war, mit seiner Mutter Kontakt aufzunehmen, ihr für jegliche Enttäuschung zu vergeben und – was noch viel wichtiger war – sich bei ihr für all die furchtbaren Dinge, die er ihr vorgeworfen, und all das, was er ihr in seiner Rebellion angetan hatte, zu entschuldigen und sie um Vergebung zu bitten.

> *Wenn ihr den Menschen ihre Vergehungen vergebt, so wird euer himmlischer Vater auch euch vergeben.*
> Matth. 6,14

Thomas fing an, ihr Briefe zu schreiben, in denen er ihr von Jesus erzählte und davon, was er von der Bibel lernte. Sie freute sich über die Briefe, schrieb aber zurück, dass es viele Wege zum Frieden gebe und dass ihr Glaube an Astrologie und fernöstliche Religionen für sie ausreichend sei. Doch je mehr Briefe Thomas ihr schrieb, desto deutlicher wurde ihr, dass er tatsächlich ein anderer Mensch geworden war, und es dauerte nicht lange, bis ihre Neugier so groß war,

Mein Abschlussfoto an der Highschool

Kristines Familie in Kalifornien

1950–1970

Teresa

Eines meiner ersten Fotos: meine Schwester Darla

Meine Schwester Teresa

Hippie-Tage in Kalifornien

1971–1973

Living Waters Christian Ranch

Kalifornien, 1973–1975

Wohngemeinschaft in München

1975–1979

Familienleben

1976–1989

Dienst als Gemeinde und Familie international

Das Musical (International)

1986–1990

Van Dooren Sisters

1991–2004

dass sie eine Reise nach Kalifornien plante, um Thomas wiederzusehen.

*

Die Bibelabende forderten Thomas und mich immer wieder aufs Neue heraus, das Gelernte gleich in unserem Alltag umzusetzen. Es machte großen Spaß zu entdecken, dass die Bibel wirklich zu jeder Angelegenheit Rat und Richtlinien zu bieten hatte.

> *Ihr Männer, liebt eure Frauen, wie auch der Christus die Gemeinde geliebt und sich selbst für sie hingegeben hat.*
> Eph. 5,25

Jedes Mal, wenn wir uns bewusst entschieden, uns genau nach dem Wort Gottes zu richten, durften wir erleben, wie Gott uns zu seiner Herrlichkeit veränderte und uns Demut lehrte. Zum Thema Ehe lernten wir zum Beispiel, dass die Bibel davon spricht, dass der Mann seine Frau lieben und wertschätzen soll, so wie Christus die Gemeinde liebt. Dies zeigte Thomas, dass er gegenüber Gott die große Verantwortung hatte, seine Frau und seine kleine Tochter in der Furcht des Herrn zu führen.

Wir besprachen alle Entscheidungen immer gemeinsam, aber konnten wir uns nicht einigen, so lernte ich, mich ihm „unterzuordnen". Letztendlich setzte ich damit mein Vertrauen in Jesus, indem ich mit dieser Einstellung Gott gehorchte und ihn ehrte.

Wir wollten natürlich auch lernen, was es damit auf sich hatte, auf die Ältesten zu hören und darin unsere Ehrfurcht vor Gott zum Ausdruck zu bringen.

Doch es gab eine Begebenheit, bei der Thomas und ich mit einer Entscheidung der Leiter, die uns betraf, ganz und gar nicht einverstanden waren. Thomas wurde beauftragt, für einen ganzen Tag und eine Nacht nach Eureka zu fahren, eine Stadt, die ca. zwei Autostunden von der Ranch entfernt war. Er sollte zusammen mit einem anderen Bruder und zwei Frauen, die in der Küche mitarbeiteten, die monatlichen Einkäufe und einige Erledigungen machen. Wir ärgerten uns beide darüber, denn noch nie – außer während unseres Gefängnisaufenthaltes – waren wir so lange getrennt gewesen, und wir fanden es unfair, weil es zudem bedeutete, dass ich mit der Kleinen allein sein würde.

Demütigt euch nun unter die mächtige Hand Gottes, damit er euch erhöhe zur rechten Zeit, indem ihr alle eure Sorge auf ihn werft! Denn er ist besorgt für euch.
1. Petr. 5,6–7

Wir waren so ärgerlich, dass wir uns sogar fragten, ob die Ranch für uns nicht vielleicht doch der falsche Ort war. Doch dann fiel uns die Bibelstelle ein, die uns ermahnt, uns unseren Leitern unterzuordnen, und wir dachten, dass Gott uns vielleicht nur wieder mal prüfen wollte, ob wir ihm vertrauen und einfach gehorsam sein würden. Wir baten Gott also darum, uns zu helfen, der Leitung unserer Ältesten zu vertrauen.

Am nächsten Morgen nahmen wir Abschied und Thomas fuhr mit den anderen los. Mit dem Baby in einem Tragegurt verbrachte ich beim gemeinsamen Brotbacken einen sehr schönen Tag mit den anderen Schwestern. Abends legte ich mein kleines Mädchen zum Schlafen in ihr kleines Bett – eine Bananenkiste, die ich mal vom Supermarkt mitgenommen hatte. Als sie schlief, überlegte ich, ob ich noch in der Bibel lesen sollte, obwohl ich schon ziemlich müde war, doch dann siegte die Müdigkeit. Ich drehte die Gaslampe aus und legte mich hin. Kurz darauf hörte ich auf einmal direkt neben mir ein Geräusch, und ich setzte mich auf, um genauer hinzuhören. Wahrscheinlich war da nur irgendein kleines Tier draußen. Ich legte mich wieder hin, doch sofort hörte ich das Geräusch wieder und merkte, dass es gar nicht von draußen kam. Ich zündete die Kerze neben meinem Bett an und stand auf, um hinter die Truhen zu sehen, ob sich vielleicht irgendein Tier aus dem Wald in unser Tipi verlaufen hatte.

Leitet die Gemeinde, die Herde Gottes, die euch anvertraut ist, als rechte Hirten [...] Euch Jüngeren aber sage ich: Ordnet euch den Ältesten unter!
1. Petr. 5,2.5; GN

Nichts. Nur ich und Nomtini waren hier drinnen. So blies ich die Kerze aus und legte mich wieder hin. Wieder hörte ich dieses Geräusch – nur lauter als zuvor. Es war unmittelbar neben mir. Es klang wie ein Klopfen. So langsam bekam ich Angst und zündete noch einmal, so schnell ich konnte, die Kerze an. Ich wollte jetzt endlich sehen, was da neben meinem Kissen dieses Geräusch verursachte. Da lag aber nur meine Bibel. Ich klopfte leicht mit dem Finger darauf – und tatsächlich: Es klang genau wie das, was ich eben gehört hatte.

Konnte das sein? War es möglich, dass Gott auf meine Bibel geklopft hatte, um mich aufzufordern, darin zu lesen? Mein Herz schlug mir bis zum Hals. Voller Ehrfurcht griff ich zur Bibel und öffnete sie bei den

Psalmen. Mein Blick fiel auf den zweiundzwanzigsten Psalm. Als ich zu lesen begann, spürte ich ganz deutlich Jesu Gegenwart, und es war, als würde er selbst zu mir sprechen.

„Mein Gott, mein Gott, warum hast du mich verlassen?"

Diese Worte kannte ich aus dem Neuen Testament. Jesus hatte sie gesagt, als er am Kreuz hing. Während ich weiterlas, konnte ich sein Leiden und das, was er dadurch für uns getan hatte, ein wenig besser verstehen. Vieles konnte ich mit meinem Verstand zwar nicht sofort begreifen, doch ich spürte ganz deutlich, dass Gott wollte, dass ich ihn kenne und Zeit mit ihm und seinem Wort verbringe. Mir war sofort klar, dass nichts – nicht einmal mein Schlaf – mir wichtiger sein sollte, als in der Bibel zu lesen. Darüber hinaus merkte ich, dass ich schon in diesen wenigen Minuten in der Gemeinschaft mit Gott eine Unmenge an Kraft und Freude empfangen hatte. Ich bat den Herrn, mir zu vergeben, dass ich sein Wort vernachlässigen wollte, und bat ihn, mir zu helfen, meine Prioritäten neu zu ordnen.

Nicht von Brot allein soll der Mensch leben, sondern von jedem Wort, das durch den Mund Gottes ausgeht.
Matth. 4,4

Als Thomas am nächsten Tag zurückkam, war er völlig aus dem Häuschen, und er erzählte aufgeregt, dass er im Bezug auf Kontakt mit anderen einen Durchbruch erlebt hatte. Auf der Fahrt hatten sich ganz persönliche und herzliche Gespräche entwickelt und seine Unsicherheiten waren wie weggeblasen.

Gott hatte seine Gebete erhört, und wir hatten beide erlebt, dass er unsere Entscheidung, der Leitung unserer Ältesten zu vertrauen, honorierte.

*

Eine andere Erfahrung, die nicht lange auf sich warten ließ, war, dass wir Christen auch Widerstand ertragen mussten. Einigen der benachbarten Hippiekommunen missfiel unsere christliche Gemeinschaft und eines Nachts brachten sie ihre Wut deutlich zum Ausdruck.

Mitten in der Nacht wachten wir von den Schreien einer Schwester auf, die von Haus zu Haus lief. „Feuer, Feuer, der Bus brennt!"

Wir hatten einen alten Schulbus, den wir weiß gestrichen und mit Bibelstellen beschriftet hatten. Jemand war gekommen, hatte ihn mit Benzin überschüttet und angezündet. Mit vereinten Kräften taten die Männer nun ihr Bestes, um Wasser anzuschleppen und das Feuer zu löschen. Nur kurze Zeit später entdeckte einer von uns, dass mehrere unserer Hühner getötet worden waren.

Am nächsten Morgen dankten wir Gott, dass er uns der Verfolgung würdig hielt, und begannen für unsere „Feinde" zu beten. Von einigen Hippiegruppierungen wusste man, dass sie gewalttätig und militant waren. Neben den vielen Drogen, die sie konsumierten, hatten sie auch Gewehre und andere Waffen.

Eines Tages wurde vor den Toren unserer Ranch ein Mann gefunden, dessen Kehle aufgeschlitzt worden war. Er war in einen Kampf geraten. Wenigstens hatte jemand ihn zu uns gebracht, damit wir ihn versorgen konnten, statt ihn zum Sterben liegen zu lassen. Natürlich wandten die Ältesten sofort erste Hilfe an, während wir auf einen Krankenwagen warteten. Später, als der Mann dort wieder zu Kräften kam, besuchten und beteten sie für ihn.

*

Es gab noch mehr Erfahrungen, die wir in Living Waters machten durften. So zum Beispiel auch mit dem Fasten und Beten, von dem wir in der Bibel lasen.

Neben unseren üblichen Gebetszeiten fasteten wir regelmäßig und verbrachten abwechselnd in kleinen Gruppen nächtliche Gebetsstunden, in denen wir für spezielle Menschen oder auch Nationen etc. beteten.

Während sie aber dem Herrn dienten und fasteten ...
Apg. 13,2

Eines Nachts nahmen wir uns vor, für die benachbarten Ortschaften zu beten. Wir wollten sie in den nächsten Tagen besuchen, um dort auf der Straße Musik zu spielen und Zeugnis zu geben von dem, was Gott in unserem Leben getan hatte. Den ganzen Abend lang hatte ich das Wort „Miranda" im Sinn, doch ich war zu schüchtern, es auszusprechen, denn ich wusste nicht, was es bedeutete, und wollte mich nicht blamieren. Ein paar Tage später erfuhr ich, dass dies der Name eines der Dörfer aus unserer Umgebung war, die eines unserer Teams besuchen wollte. Hätte ich es nur an dem Abend erzählt, wir hätten genau für diesen Ort gemeinsam beten können. Dies war meine erste Lektion im „Hören der Stimme des Heiligen Geistes" und darin, wie wichtig es war, sie zu erkennen und nicht zu ignorieren.

Ich lernte mit der Zeit auch, dass ich seine Stimme immer öfter hörte, je mehr ich auf sein „Drängen" achtete. Jesus erzählte, dass er das tat, dass er nur tue, was der Vater ihm auftrüge. Obwohl er Gottes Sohn war, betete er regelmäßig alleine, um seinen Vater zu sich reden zu hören.

*

Unsere Ranch war nur eine von einer ganzen Menge anderer christlicher Kommunen, die unter der Leitung eines Pastors in Eureka standen: Jim Durkin.

Jim Durkin war ursprünglich Pastor einer kleinen Gemeinde in Eureka gewesen. In den frühen 70ern waren dann eines Tages ein paar Hippies in seinem Büro aufgetaucht, um ihn zu fragen, ob er ihnen einen kleinen Raum vermieten könnte, damit sie ein christliches Café eröffnen könnten. Zuerst wollte er sie abweisen, weil er davon ausging, dass sie unzuverlässig seien – immerhin waren sie ja Hippies. Aber während sie ihm von ihrer Idee erzählten, erschienen sie ihm eigentlich recht vernünftig und er musste plötzlich an eine Bibelstelle denken, in der steht: „Wenn ein Mitmensch Hilfe braucht und du ihm helfen kannst, dann weigere dich nicht, es zu tun" (Sprüche 3,27; Gute Nachricht). Als er sie nun nach und nach kennenlernte, stellte er fest, wie ernst sie es mit Gott meinten, aber auch, dass sie noch viel über ein Leben mit Jesus zu lernen hatten und das auch wollten. Also fing er an, mit ihnen regelmäßige Bibelabende abzuhalten.

Nach und nach wurde er von immer mehr Kommunen zum Predigen eingeladen, und letztendlich zog er mit seiner Frau selbst auf die *Lighthouse-Ranch*, eine Kommune in der Nähe von Eureka, die ihren Namen daher hatte, dass auf ihrem Gelände ein Leuchtturm stand. Auf diese Weise war er näher an den jungen Leuten dran und konnte sie in ihrem Wunsch nach echter Jüngerschaft besser anleiten und begleiten.

Irgendwann entstand aus dem Ganzen der offizielle Gemeindedienst *Gospel Outreach**. Jim Durkin hatte die Vision, Christen auszubilden, um in den USA, aber auch in anderen Ländern das Evangelium zu verkünden und neue Gemeinden zu gründen.

Unser erster Besuch in der Gemeinde in Eureka wurde zu einem wahren Meilenstein in unserem Leben. Mehrere Hundert Menschen aus verschiedenen Städten kamen dort zusammen. Und doch waren wir nur ein kleiner Teil von dieser jungen Generation, die sich in diesen Jahren in Kalifornien, aber auch weltweit, zum christlichen Glauben bekehrten und die übergreifend die „Jesus People" genannt wurden.

Der Gottesdienst fand in einem großen, einfachen Mehrzweckgebäude statt, in dem Klappstühle aus Metall aufgestellt waren. Als der Gottesdienst begann und der Gesang, begleitet von einem Klavier, Akustikgitarren und einer Violine, den Raum erfüllte, hatten wir das Gefühl, wir wären im Himmel.

Danach predigte Jim eine einfache Botschaft, die unser Leben für immer veränderte. Mit eindringlicher Stimme verkündete er: „Jesus ruft dich. Folge ihm bis an die

* sinngem. Übersetzung: das Evangelium weitertragen

Enden der Erde und predige das Evangelium. Es wird nicht einfach sein und ihr werdet verachtet werden, doch die Belohnung, die ihr erhaltet, ist eine von ewigem Bestand." Er las dann aus der Bibel folgende Stelle: „Dann hörte ich, wie der Herr sagte: ‚Wen soll ich senden? Wer ist bereit, unser Bote zu sein?' Ich antwortete: ‚Ich bin bereit, sende mich'" (Jesaja 6,8; Gute Nachricht).

Von da an hatten Thomas und ich ein neues Anliegen für unser Gebet. Wir sagten zu Gott: „Herr, wir wollen dir mit unserem ganzen Leben dienen und sind bereit, dorthin zu gehen, wo du uns haben willst. Sende uns."

Die Antwort darauf war eindeutig. Wir sollten zurück nach Deutschland. Wir hörten keine klaren Worte, die vom Himmel herabdonnerten, nur eine leise innere Stimme, die jedoch nicht zu überhören war. Wir redeten darüber und waren uns einig, dass wir dazu bereit waren. Es würde bedeuten, das schöne und sonnige Kalifornien und all unsere neuen Freunde zu verlassen, und doch wussten wir, dass dies die richtige Entscheidung war. Doch bevor wir gehen konnten, mussten wir noch viel lernen und als Christen wachsen und reifen. Außerdem hatten wir noch eine Menge Geld zu verdienen, um meinen Eltern die Kosten für den Anwalt erstatten zu können. Sicherlich würde es also erst in ein paar Jahren so weit sein ...

9

Unser kleines Mädchen war schon knappe zehn Monate alt, als Thomas' Mutter, Nadja, uns besuchen kam. Wir hatten in der Zwischenzeit Nomtinis Namen ändern lassen. Weil er uns immer an unser „altes Leben" erinnert hatte, hatten wir in der Bibel gesucht und waren auf „Naomi" gestoßen. So hatte sie diesen neuen Namen bekommen.

Es war ein wunderbares Wiedersehen. Seit wir Westberlin verlassen hatten, war so viel geschehen. Die ersten paar Tage verbrachten wir alle bei meinen Eltern, mit denen wir uns mittlerweile wunderbar verstanden. Dad führte Nadja natürlich zu all den Sehenswürdigkeiten in San Fransisco. Dabei führte er mit ihr immer auch Gespräche über die Bibel und das Christsein.

An einem Tag fuhren Thomas und ich mit ihr nach Oakland, um ihr unser altes Haus zu zeigen. Wir wollten ihr bei der Gelegenheit auch unsere ehemalige Nachbarin vorstellen – die ältere deutsche Dame, die ja auch Christin war. Wir ließen die beiden Frauen, die sich gut zu verstehen schienen, schließlich eine Zeit lang allein und machten einen Spaziergang. Als wir Nadja abholten, um zu meinen Eltern zurückzufahren, erzählte sie uns, dass sie sich entschieden hatte, Christ zu werden. Sie hatte mit der Frau zusammen gebetet und ihr Leben Jesus gegeben.

Voller Freude fuhren wir nach Hause. Nadja konnte es kaum erwarten, meinem Vater zu erzählen, dass sie von nun an Jesus nachfolgen wollte. Es war ein großartiger Tag für unsere Familie, und wir beschlossen ihn mit einem Familiengebet, in dem wir Jesus für all die Wunder dankten, die er getan hatte.

Nun wollten wir Nadja auch noch nach *Living Waters* bringen und ihr dort unser Heim zeigen.

Sie mochte die Ranch auf Anhieb und genoss es sichtlich, während der Woche, die sie dort mit uns verbrachte, all unsere Freunde von *Living Waters* kennenzulernen. Bei den Abendversammlungen saß Thomas neben ihr und übersetzte ihr leise alles, was gesagt wurde. Er nahm sich außerdem viel Zeit, ihr verschiedene Bibelstellen zu erläutern, und erzählte ihr schließlich auch von der Taufe und dass dies ein wichtiger nächster Schritt sei. Nadja zögerte nicht und ließ sich sofort taufen. Es war Februar und der Fluss war eiskalt, doch das war ihr egal. Ich habe noch immer ein Foto von ihr, wie sie im Rollkragenpullover gekleidet im Fluss steht. Neben ihr steht Thomas, auf der anderen Seite ein anderer Bruder von der Ranch.

*

Als wir einige Zeit später – Nadja war inzwischen schon wieder nach Hause zurückgekehrt – wieder einmal nach Eureka fuhren, luden Jim und seine Frau Dacie uns nach dem Gottesdienst zum Essen in ein Restaurant ein. Wir fühlten uns einerseits natürlich geehrt, fragten uns aber gleichzeitig, was sie wohl mit uns bereden wollten. Während des Essens sagte Jim uns dann, dass er von den Ältesten von *Living Waters* immer nur Gutes über uns zu hören bekam, dass wir wunderbar im Herrn wachsen würden und jederzeit treu und zuverlässig unserer Arbeit auf der Ranch nachgingen. Dann erzählte er uns von einem Ehepaar, das kurz zuvor zu ihm gekommen war. Die beiden waren Amerikaner, lebten aber in Deutschland. Sie hatten von *Gospel Outreach* gehört und wollten ebenfalls eine derartige Arbeit gründen. Nun baten sie um ein Team, das nach Deutschland kommen würde, um sie dort zu unterstützen. Als er uns fragte, ob wir uns vorstellen könnten, dabei zu sein, waren wir etwas perplex. Wir waren ja gerade erst seit einem knappen Jahr Christen. Wir sagten ihm aber, dass wir uns grundsätzlich gut vorstellen konnten, irgendwann einmal zurück nach Deutschland zu gehen.

Jim freute sich. Er konnte uns noch nicht sagen, wann genau es losgehen würde, aber er sagte uns, wir sollten einfach bereit sein.

*

Als der Sommer kam, erfuhren wir, dass *Living Waters* verkauft werden sollte, und so wurde entschieden, dass wir alle etappenweise nach Eureka umziehen würden. Thomas und ich und noch einem anderen Ehepaar wurde die Verantwortung übertragen, die letzten Erledigungen auf der Ranch abzuwickeln. Wir sollten die Letzten sein, die gingen.

Im späten November 1974 war es schließlich so weit. Der Tag war gekommen, an dem wir *Living Waters* endgültig verließen und nach Eureka fuhren. In einer der dortigen Wohngemeinschaften war ein Zimmer für uns hergerichtet worden, das wir beziehen konnten. Wir waren nicht gerade glücklich darüber, in dieser Stadt zu leben, doch wir vertrauten darauf, dass Gott einen Plan für uns hatte.

Als wir am selben Tag zum Gottesdienst gingen, hörten wir beim Hineingehen von einem Bruder, dass an diesem Tag ein Team nach Deutschland ausgesandt werden würde, das bereits im Dezember aufbrechen sollte. Seit unserem Treffen mit Jim und Dacie waren schon einige Monate vergangen, ohne dass wir je wieder etwas von ihnen gehört hatten, also gingen wir davon aus, dass sie ein paar andere Leute gefunden hatten, die jetzt schon einmal nach Deutschland fahren würden.

Wir setzten uns neben unsere Freunde aus *Living Waters.*

Jim Durkin sprach von der Vision, Teams in die ganze Welt auszusenden. Er sagte, dass es ihm nicht darum ginge, für sich hier in Eureka eine schillernde, große Gemeinde aufzubauen, sondern dass es seine Aufgabe war, Jünger Jesu auszubilden und diese auszusenden. Dann berichtete er davon, wie er Gottes Führung darin erlebt hatte, ein Team aus drei Familien zu finden, das nach Deutschland gehen würde. Dies würden aber nur die Ersten von vielen sein, die ins Ausland gehen würden. Dann rief er unsere Namen auf.

Ein Ältester, der hinter uns saß, tippte Thomas auf die Schulter. „Wie lange wisst ihr schon davon?“, fragte er flüsternd.

Wie lange? Wir hatten nicht die geringste Ahnung davon gehabt. Doch dass Jim uns nach vorne rief, machte uns keine Angst, denn uns war klar, dass Gott und nicht Menschen diesen Tag in unserem Leben bestimmt hatte. Wir verstanden zwar nicht, was hier genau vor sich ging, verspürten aber Gottes Frieden, während wir uns zu den zwei anderen Familien dazustellten, die wir vorher noch nie gesehen hatten.

Beide Männer hatten schon Erfahrung als Pastoren und waren ordinierte Älteste aus der Kirchengruppe in L. A. Das eine Ehepaar, Gregor and Linda, hatte einen kleinen Jungen und erwartete ein zweites Kind, das andere, Peter and Jackie, hatte zwei Jungs. Thomas und ich hatten unsere eineinhalbjährige Tochter und ich war auch wieder schwanger.

Jim und die anderen Ältesten stellten sich alle um uns und legten uns die Hände auf. Sie baten Gott um seinen Segen und um Weisheit für uns und sandten uns im Namen des Herrn aus, um eine Gemeindearbeit in Deutschland zu gründen.

Nach dem Gottesdienst gingen Thomas und ich zu Jim. Wir erinnerten ihn daran, dass wir doch in Eureka erst noch arbeiten wollten, um das Geld zu verdienen, das wir meinen Eltern schuldeten, und dass es doch sowieso besser wäre, wenn wir erst in ein paar Jahren gehen würden.

Er hörte uns geduldig zu, dann sagte er, dass es natürlich unsere freie Entscheidung sei, ob wir mitgehen wollten oder nicht, dass er aber zuversichtlich sei, dass dies genau der richtige Zeitpunkt sei und wir ja auch in Deutschland Geld verdienen könnten. Wir vertrauten auf sein Urteilsvermögen, also konnte es losgehen.

Gospel Outreach hatte sich um alle Details und um die Reisevorbereitungen gekümmert. Es sollte zuerst mit dem Flieger von San Fransisco nach New York gehen, dann mit dem Zug weiter nach Quebec, Kanada, von wo aus wir mit dem Schiff nach Rotterdam, Holland, fuhren. Dort würden wir mit dem Auto abgeholt und nach Nienburg. a. d. Weser gebracht werden.

Als wir uns von meiner Familie verabschiedeten, flossen viele Tränen. Keiner von uns wusste, ob wir uns je wiedersehen würden.

10

Als wir Ende Dezember 1974 in unserem neuen Heim in Nienburg ankamen, warteten dort bereits einige Überraschungen auf uns. Thomas und ich waren ja so einiges gewöhnt, aber auf die Wohnsituation, die uns hier erwartete, waren wir nicht vorbereitet.

Das Haus, in dem wir mit vier anderen Familien leben sollten, war ein alter Bauernhof. Im Eingangsbereich, der früher einmal als Stall gedient hatte, befanden sich immer noch die einzelnen Tierboxen, die jetzt als Speise- und Ablagekammern dienten. Im Erdgeschoss gab es vier Zimmer für drei Familien. Drei der Zimmer lagen hintereinander, sodass man zwei von ihnen durchqueren musste, um in das hinterste zu gelangen. Das bedeutete, dass ein Kinderzimmer und das Zimmer von Thomas, Naomi und mir Durchgangsbereich waren.

Von der Eingangshalle gelangte man über eine ganz kleine, steile Treppe nach oben an eine Tür. Wenn man sie öffnete, stand man direkt vor dem Herd und einem Waschbecken. Außerdem gab es oben noch ein kleines Wohn- beziehungsweise Speisezimmer und ein weiteres Schlafzimmer, in dem das Ehepaar mit dem Baby untergebracht war. Auch diese Familie musste mit regem Durchgangsverkehr rechnen, da die einzige Toilette für alle fünfzehn Bewohner des Hauses hinter ihrem Zimmer lag.

Alle Räume im ersten Stock hatten Dachschrägen und es gab weder Badewanne noch Dusche, noch warmes Wasser. Der einzige Holzofen stand im Wohnzimmer, und so trugen wir auch im Haus unsere ganze Winterbekleidung inklusive langer Unterwäsche.

Aus finanziellen Gründen bestand unsere Grundernährung aus bergeweise Kartoffeln, sehr viel Kohl, riesigen Kübeln Erdnussbutter aus Holland und täglich frischem Brot, das wir von einem gläubigen Bäcker bekamen.

Obwohl wir sogar eine Waschmaschine im Haus hatten, gab es keine Möglichkeit, die Wäsche zu trocknen. Und dies war nur der „Anfang“ unseres deutschen Winters und unseres Kulturschocks.

*

Wir hatten einige Tage Zeit, um uns zu akklimatisieren, bis wir unser erstes offizielles Treffen abhielten. Unsere Leiter, Peter und Gregor, nahmen sich dabei zuallererst vor, in jedem Raum einen Holzofen zu installieren und eine Dusche einzubauen. Außerdem planten die Männer, ein Holzgitter zu bauen, das man an die Decke hängen würde, um daran die Wäsche trocknen zu können. Allerdings sollte es einige Wochen dauern, bis diese Pläne alle umgesetzt waren. Bis dahin hieß es für uns alle statt duschen, Wasser in der Küche aufzukochen und dieses nach unten in die Schlafzimmer zu tragen, wo wir uns und die Kinder wuschen. Unsere Haare wuschen wir mit warmen Wasser aus der Teekanne über dem kleinen Küchenwaschbecken.

Unser täglicher Tagesablauf war mehr oder weniger davon geprägt, schlicht und einfach zu überleben. Kartoffeln schälen und kochen, putzen, Wäsche machen, die Holzöfen bedienen, die Kinder versorgen ... Die Männer schleppten noch mehr Holzöfen an und richteten eine Lederwerkstatt ein. Das nötige Material und Zubehör dafür hatten sie aus den USA mitgebracht. Peter und Gregor hatten zu Hause in den USA einen Betrieb gehabt, in dem sie Ledergürtel und –accessoires hergestellt hatten. Diese Arbeit wollten sie hier fortsetzen, um die Waren am Hamburger Fischmarkt zu verkaufen. Neben einer Spende, die Gospel Outreach monatlich schickte, würde das vorerst unser einziges Einkommen ausmachen.

Unsere gemeinsamen Gebets- und Mahlzeiten fanden im Wohnzimmer statt, während unsere Wäsche über unseren Köpfen zum Trocknen von der Decke herabhing. Wenn die Kinder schliefen, studierten wir gemeinsam die Bibel und besprachen, wie wir unserer Stadt das Evangelium bringen könnten ...

Thomas war das „Mädchen für alles“. Da er als Einziger Deutsch sprach, avancierte er recht schnell zum Sprecher unseres Teams. Das bedeutete zum Beispiel, dass er dafür zuständig war, Kontakte zu Pastoren aus den benachbarten Städten wie Minden und Hannover herzustellen. Wir wollten von Anfang an eine gute

Beziehung zu den anderen Christen in Deutschland aufbauen. Er musste auch mit den Frauen zum Einkaufen gehen, war für alle amtlichen Abwicklungen verantwortlich, war der Begleiter bei Arztbesuchen und fungierte als Dolmetscher für alle Besucher wie z. B. andere Pastoren.

> *Dass sie eins seien, wie wir eins sind – ich in ihnen und du in mir –, dass sie in eins vollendet seien, damit die Welt erkenne, dass du mich gesandt und sie geliebt hast, wie du mich geliebt hast.*
> Joh. 17,22-23

Es war nicht immer leicht, mit insgesamt fünf Familien auf so engem Raum zusammenzuleben. Hin und wieder gerieten wir Frauen auch in Streit über die Erziehung der Kinder. Auch die Männer hatten immer wieder Meinungsverschiedenheiten, wenn es um die Leitung der Gruppe ging oder um die Art, wie Entscheidungen in Bezug auf unseren Dienst getroffen werden sollten. Wir wussten, dass all diese Hindernisse als Prüfungen des Glaubens zu sehen waren und wir auf Jesus anstatt auf Menschen schauen sollten. Und wir wollten lernen, zusammenzuleben und zu arbeiten und in Liebe und Einheit zu wachsen.

*

Die Monate zogen ins Land und wir kamen uns langsam alle näher und lernten einander immer besser kennen und schätzen. Die Männer hatten ein neues „Projekt“ in Angriff genommen: Sie renovierten das gesamte Dachgeschoss, sodass wir dort einen angenehm großen Speise- und Versammlungsraum hatten.

Ein Pastor aus der Umgebung, mit dem wir mittlerweile gut bekannt waren, gab uns den Rat, unsere Hippiekleidung aufzugeben beziehungsweise uns mehr dem Stil vor Ort anzupassen, um einen besseren Zugang zu den Menschen in der Gegend zu bekommen. Wir beschlossen, diesen Vorschlag anzunehmen. Die Männer stutzten ihre Bärte und schnitten sich die Haare. Wir Frauen kürzten alle unsere Röcke und versuchten, uns dem deutschen Kleidungsstil anzupassen.

Tief im Innern waren Thomas und ich uns ganz sicher, dass Gott uns nach Deutschland gerufen hatte, und wir hatten uns ganz diesem Plan verpflichtet. Die Entschlossenheit, Jesus nachzufolgen und seiner Gnade zu vertrauen, war von Anfang an in unsere Herzen gepflanzt worden. Dennoch schaffte es Satan immer wieder, uns anzufechten. Nachdem es im Haus unter uns Bewohnern zum Beispiel einige Wochen lang ständig Schwierigkeiten gegeben hatte, wuchsen in mir Zweifel und ich wurde immer unzufriedener. Ich wollte einfach nur noch raus aus diesem Haus und dieser ganzen Situation, denn die Probleme schienen größer als der Segen. Wenn ich mit Thomas darüber sprach, ermutigte er mich immer und sagte: „Gott ist mit uns. Er lehrt uns Geduld und Ausdauer.“

Lasst nun auch uns ... mit Ausdauer laufen den vor uns liegenden Wettlauf, indem wir hinschauen auf Jesus, den Anfänger und Vollender des Glaubens ...
Hebr. 12,1–2

Schließlich kam ich an den Punkt, an dem ich von Jesus direkt hören wollte, ob ich hier am richtigen Ort war. Ich erinnerte mich daran, mal gelesen zu haben, dass Petrus Jesus stellvertretend für alle zwölf Jünger gefragt hatte: „Herr, wohin sollen wir gehen?“ Ich schlug meine Bibel also an

Da fragte Jesus die Zwölf: „Und ihr, was habt ihr vor? Wollt ihr mich auch verlassen?“ Simon Petrus antwortete ihm: „Herr, zu wem sonst sollten wir gehen? Deine Worte bringen das ewige Leben. Wir glauben und wissen, dass du der bist, in dem Gott uns begegnet.“
Joh. 6,67–69; GN

Macht euch keine Sorgen, sondern wendet euch in jeder Lage an Gott und bringt eure Bitten vor ihn. Tut es mit Dank für das, was er euch geschenkt hat. Dann wird der Frieden Gottes, der alles menschliche Begreifen weit übersteigt, euer Denken und Wollen im Guten bewahren, geborgen in der Gemeinschaft mit Jesus Christus.
Phil. 4,6–7; GN

der Stelle auf, wo diese Begebenheit beschrieben wird (Johannes 6,67–69). Viele Jünger beklagten sich über die harten Lehren Jesu und viele wandten sich von ihm ab.

Während ich diese Zeilen las, merkte ich, dass Jesus meine Fragen beantwortete. Ich entschloss mich, die Umstände, in die mich der Gute Hirte geführt hatte, zu akzeptieren. Ich bat ihn für mein Klagen um Vergebung und spürte, wie er mich daraufhin mit Frieden erfüllte.

*

Als hätten wir nicht schon genug Mühe auf unserem noch jungen Weg als Christen und mit der Herausforderung, in einer fremden Kultur einen Missionsdienst aufzubauen, brach noch eine recht dramatische Erfahrung auf uns ein.

In der Bibel warnen Jesus und Paulus ständig vor Irrlehrern und falschen Propheten, doch wir waren zu dieser Zeit zu jung und naiv, um sie zu erkennen.

Es waren aber auch falsche Propheten unter dem Volk, wie auch unter euch sein werden falsche Lehrer ...
2. Petr. 2,1; L

Im Mai 1975 bekamen wir Besuch von einem älteren Ehepaar aus Kalifornien. Wir kannten sie, weil sie einmal in *Living Waters* gepredigt hatten, also nahmen wir sie bei uns auf, obwohl das Haus schon überfüllt war. Immerhin waren sie, wie sie sagten, gekommen, um uns in unserem Dienst zu ermutigen. Was sie jedoch nicht erwähnten, war die Tatsache, dass sie *Gospel Outreach* hatten verlassen müssen, weil sie unbiblische Methoden praktizierten.

In der Zeit, als sie bei uns waren, stifteten sie viel Verwirrung, aber am Ende ihres Besuchs kam der Abschuss. An ihrem letzten Abend bei uns wollten sie für jeden von uns beten. Sie baten alle Ehepaare, sich nebeneinander zu setzen, dann legten sie uns nacheinander die Hände auf und begannen Dinge über uns auszusprechen, die angeblich unsere Zukunft betreffen sollten. Als die ältere Dame zu mir kam und für mich „beten" wollte, begann sie plötzlich laut zu schluchzen. Sie schien vollkommen erschüttert zu sein. Dann sagte sie, sie wolle gleich noch mit Thomas und mir alleine in einem anderen Raum reden.

Als wir anschließend mit ihr und ihrem Mann in ein anderes Zimmer gingen, erzählte sie uns, was der Herr ihr angeblich offenbart habe. Sie sagte, mein ungeborenes Baby sei ein Junge, er würde Samuel heißen und werde ein Prophet sein. Dann erklärte sie, das Baby würde jedoch bei seiner Geburt sterben, wenn ich nicht bereit sei, es „loszulassen" und es Gott zu geben. Jetzt, während ich diese Zeilen schreibe, ist mir klar, dass dies nicht von Gott kam, sondern direkt vom Teufel, doch damals sahen wir keinen Grund, diesem Ehepaar nicht zu glauben.

Ich war fix und fertig und in mir war große Furcht ausgebrochen. Ich betete in den nächsten Monaten ununterbrochen dafür, dass Gott mir zeigen würde, wie ich mein Kind „loslassen" konnte, und versuchte krampfhaft, es nicht als mein Eigentum anzusehen. Es ist nur Gottes Gnade zu verdanken, dass ich mich trotzdem noch irgendwie auf die Geburt freuen konnte.

*

Auch unser zweites Kind brachten wir zu Hause auf die Welt, doch dieses Mal war eine deutsche Hebamme dabei. Alle Frauen des Hauses standen am Ende meines Bettes. Als die Hebamme rief: „Es ist ein Mädchen", war die Überraschung groß.

Kein Samuel.

Mein erster Gedanke war sofort: *Herr, wie soll sie heißen?* und die Antwort schoss mir auf der Stelle durch den Kopf: „Esther"!

Ich kann nicht sagen, dass ich über die Überraschung, dass ich nun noch ein Mädchen statt eines Jungen bekommen hatte, enttäuscht war. Im Gegenteil, ich freute mich sehr darüber noch ein Mädchen zu haben.

Erst einige Jahre später, während meiner vierten Schwangerschaft, erfuhren wir auf einer Leiterschaftskonferenz in Kalifornien bei einem Gespräch mit Jim Durkin und seiner Frau, als wir mehr oder weniger zufällig über das Thema stolperten, dass dieses Ehepaar eigentlich schon aus der Gemeinschaft ausgeschlossen worden war. Jim und Dacie waren bestürzt darüber zu erfahren, womit die beiden uns damals konfrontiert hatten und dass sie vorgegeben hatten, von Jim geschickt worden zu sein. Bis zu diesem Tag hatten wir immer noch geglaubt, dass was an dieser „Prophetie" dran sei, und wir warteten nach wie vor auf „Samuel". Abgesehen davon hatte dieses Ereignis uns all die Jahre sehr zu schaffen gemacht, da wir darüber, wie Gott zu handeln schien, sehr verunsichert waren ...

Einige Monate nach Esthers Geburt entschieden unsere Ältesten, dass es an der Zeit war, in eine größere Stadt zu ziehen, damit die Arbeit wachsen konnte.

Die Männer unternahmen ein paar Ausflüge nach Berlin und München, nachdem sie mit Hamburg und Hannover schon vertraut waren, um die Städte auszukundschaften und herauszufinden, wo Gott uns haben wollte. Schließlich waren sich alle einig, dass München die richtige Stadt für uns sei.

Wir hofften, in München ein größeres Haus zu finden, damit ein weiteres Team von *Gospel Outreach* dazustoßen konnte. Wir brauchten einfach mehr Leute, um mit unserer Arbeit voranzukommen.

Auch wenn Thomas mit seinen dreiundzwanzig Jahren noch sehr jung und auf diesem Gebiet unerfahren war, so lag es wieder an ihm, mit Hausbesitzern zu verhandeln. Die Verhandlungen gestalteten sich schwierig, denn verständlicherweise will kaum ein Eigentümer freiwillig sein Haus an eine Wohngemeinschaft von ca. 40 jungen Menschen vermieten. Doch Gott erwies sich als größer als dieses Hindernis und wir fanden das perfekte Haus. Ursprünglich war es für eine Fluggesellschaft als Unterkunft für deren Flugbegleiter gebaut worden. Inklusive Keller und Dachgeschoss hatte es vier Stockwerke, und es gab ausreichend Waschbecken, Toiletten und Duschen. *Gospel Outreach* in Kalifornien übernahm die ersten Mieten und die Kaution.

Ich kann mich noch genau an die Autofahrt nach München erinnern. Voll beladen mit all unseren Habseligkeiten fuhren wir im September 1975 in unserer kleinen Citroen-Ente nach München runter. Es war, als kämen wir in eine ganz neue Welt, als wir bei unserem neuen Haus vorfuhren. Was für ein Luxus. Zentralheizung, Badewannen und Duschen mit fließendem, heißem Wasser.

Nach circa zwei Monaten traf wie geplant ein weiteres Team aus Amerika ein. Die meisten der Ehemänner und die Singles fanden Arbeit in einer amerikanischen Kaserne in München, und das, obwohl man uns gesagt hatte, dass es praktisch unmöglich sein würde, in München Jobs zu bekommen. Es dauerte nicht lange und wir hatten ein finanzielles Standbein aufgebaut, sodass es uns möglich war, neue Leute aufzunehmen, die mehr über Jesus erfahren wollten. Alle Gehälter kamen in einen Topf, woraus wir Rechnungen, Essen und Benzin zahlen konnten. Zusätzlich gab es für jeden ein Taschengeld (für jeden den gleichen Betrag).

Wir hatten alle ein gemeinsames Ziel: das Evangelium in Deutschland zu predigen und zu lehren. Wir hatten einen straffen Wochenplan, um Mahlzeiten, Haushalt und ein Programm für die Kinder unter einen Hut zu bringen. Es gab, was das Zusammenleben von Männern und Frauen betraf, recht strenge Regeln, denn es war uns wichtig, dass die Verhältnisse ordentlich und der Bibel gemäß verliefen. So gab es ein Stockwerk für alle ledigen Frauen und eines für alle ledigen Männer, während die anderen von den Ehepaaren und Familien bewohnt wurden.

Die Abende waren für das Studieren der Bibel, Gebet, Gemeinschaft und Lobpreis reserviert. Zu dieser Zeit war ich Mutter von zwei Töchtern, leitete die Gesamtorganisation der Putzteams für das ganze Haus und hielt vormittags für die sechs bis zehn Kinder aus dem Haus ein buntes Programm ab. In der Zwischenzeit hatte ich ein paar Deutschkurse in der Volkshochschule belegt. Jeden Sonntagmorgen teilten wir uns in kleine Gruppen auf und besuchten verschiedene Gottesdienste. Thomas und zwei der Ältesten trafen sich mit den Pastoren der Brüdergemeinde, der Mennoniten, Baptisten, Lutheraner, Pfingstgemeinden und den charismatischen Gruppen. Einige waren natürlich zunächst skeptisch, weil wir in einer WG wohnten, und man hätte vermuten können, dass wir eine Sekte waren. Aber unsere Männer versicherten diesen Pastoren, dass wir ihnen keine Leute „abwerben" würden und dass unser einziges Ziel das war, Leute zum Glauben an Jesus Christus zu führen und ihnen das Wort Gottes zu predigen.

Thomas bemühte sich sehr um eine gute Beziehung zu den anderen Pastoren. Er verbrachte viel Zeit damit, ihnen all ihre Fragen zu beantworten, die unsere Absichten, unseren Hintergrund und unsere Theologie betrafen. 1976 gründete der CVJM den „Kreis zur Einheit“ für all diese Pastoren mit dem Ziel, besondere Gottesdienste in München abzuhalten, bei denen alle Gemeindeglieder der verschiedenen Gruppierungen zusammenkommen sollten. Thomas wurde ein aktives Mitglied dieses Kreises und übersetzte entweder englischsprachige Gastprediger, die zu gemeinsamen Veranstaltungen eingeladen wurden, oder leitete mit einem Musikteam den Lobpreisteil dieser Gottesdienste.

All unsere Mühen fingen schließlich an sich auszuzahlen. Gott führte viele Menschen zu uns, die nach Hilfe und dem Sinn des Lebens suchten. Regelmäßig ging Thomas mit unseren Musikteams und weiteren Geschwistern aus unserer WG auf die Straße und in öffentliche Parkeinrichtungen, um dort Lieder zu singen, die von Jesus erzählten, und zu predigen. Einige Monate nachdem das zweite Team zu uns gestoßen war, kamen zwei Älteste aus der Gemeinde in Eureka, um uns zu besuchen. Sie nahmen sich für jeden Einzelnen von uns viel Zeit, um persönlich zu hören, wie es uns ging und wie uns das Leben auf dem „Missionsfeld“ so zusagte.

Als sie mit Thomas und mir sprachen und wir erzählten, wie sehr uns das Projekt am Herzen lag, hatten sie den Mut, uns mitzuteilen, dass die anderen beiden Familien, mit denen wir aus den USA angereist waren, nun zurückkehren wollten. Das war ein Schock für uns. Dennoch vertrauten wir dem Herrn, und wir spürten seinen tiefen Frieden, wie schon so oft.

John, den jungen Leiter der zweiten Gruppe, kannten wir schon von *Living Waters*. Thomas und er waren gute

Freunde und ein Herz und eine Seele, und so waren sie gerne bereit, für unseren Gemeinde- und Missionsdienst hier in München als Älteste zu fungieren.

*

Der Tag der Abreise von Peter und Gregor und ihren Familien war sehr traurig. Wir hatten sie in der Zeit, in der wir wirklich viel gemeinsam durchgestanden hatten, richtig liebgewonnen.

Da wir inzwischen zu einer großen Gemeinschaft zusammengewachsen waren, wurde es nötig, eine eigene Gemeinde zu gründen. Eine viel größere Verantwortung kam jetzt auf uns zu. Wir gründeten einen offiziellen Verein, wozu der Name „Christliche Hausgemeinde e. V." gewählt wurde.

Thomas übersetzte nebenbei die Handbücher des Teppichreinigungsgeschäfts – einer neuen Firma, die wir gegründet hatten, nachdem die Lederwerkstatt ohne Peter und Gregor nicht fortgeführt wurde. Darüber hinaus hatten wir den Betrieb „Die Glasblume" gegründet, in dem es handgefertigte Geschenkartikel aus gepressten Blumen zu kaufen gab. Beide Geschäfte hatten das Ziel, den Leuten, die zu uns kamen und blieben, Arbeit bieten zu können.

*

Zu unserer großen Freude erwarteten wir im September 1977 wieder ein Kind. Wir bekamen wieder ein Mädchen und gaben ihm den schönen biblischen Namen Elisabeth.

Erziehe den Knaben seinem Weg gemäß; er wird nicht davon weichen, auch wenn er älter wird.
Spr. 22,6

Drei Kinder zu haben war eine ganz neue Herausforderung. Wegen unseres voll gepackten Terminkalenders mussten Thomas und ich lernen, ganz streng Familienzeiten einzuplanen. So regelmäßig es nur möglich war, wurde der Samstag zu unserem „Familientag". Dazu trafen wir die „radikale" Entscheidung, alleine mit unseren drei Mädchen in unserem Zimmer zu essen. Wir versuchten zudem, gezielt eine gewisse Zeit einzuplanen, in der wir mit den Kindern spielten oder ihnen vor dem Schlafengehen Bibelgeschichten vorlasen. Oft beteten Thomas und ich zusammen dafür, dass unsere Kinder schon in jungem Alter zu Jesus finden und eine persönliche Beziehung zu ihm aufbauen würden.

Naomi lernte schon in jungem Alter, zum lebendigen Gott zu beten und ihn mit Musik und Gesang zu loben. Sie erlebte aus erster Hand, wie Menschen ihr Leben Jesus gaben, und sah, wie sie sich veränderten. Neben den üblichen Bibelgeschichten las Thomas ihr auch die Stellen vor, in denen es um Glauben, Vergebung und ewiges Leben durch Jesus Christus geht. Er erzählte ihr dann immer, dass sie sich auch eines Tages entscheiden dürfte, Jesus nachzufolgen, wenn sie das wollte.

Als sie fünf Jahre alt war, sagte sie uns, dass sie nicht mehr warten und ihr Leben jetzt Jesus geben wollte. Thomas holte seine Gitarre heraus und wir sangen gemeinsam ein Anbetungslied. Dann las er ihr die Bibelstellen über Erlösung vor. Wir knieten uns nieder und er half ihr, ein Gebet zu sprechen. Kleine Tränen liefen ihr über die Wangen, während sie uns ganz aufgeregt erzählte, dass sie so glücklich war und spüren konnte, dass Jesus in ihr Herz gekommen war. Wir waren tief

Darum liebt ihn von ganzem Herzen, mit ganzem Willen und mit aller Kraft. Behaltet die Gebote im Gedächtnis, die ich euch heute verkünde! Prägt sie euren Kindern ein und sagt sie euch immer wieder vor - zu Hause und auf Reisen, wenn ihr euch schlafen legt und wenn ihr erwacht.
5. Mo. 6,5–7; GN

bewegt, Gottes Hand auf ihrem Leben zu sehen. Wir hatten viele wunderbare Momente erlebt, in denen Menschen von vielen verschiedenen Nationen zu uns kamen, um Jesus nachzufolgen, doch dieser Tag der Rettung war mir der bedeutungsvollste.

11

Im Herbst 1978 hatten wir uns bereits auf zwei weitere Gemeinschaftshäuser in München vergrößert und wir hielten unsere ersten Gottesdienste an einem neutralen Ort außerhalb der Häuser ab.

Ende 1979 stand die nächste große Veränderung an. Einige der Leute, die mit dem zweiten Team nach Deutschland gekommen waren, waren bereits wieder in die Staaten zurückgekehrt, andere hatten geheiratet, und es war an der Zeit, die Wohngemeinschaft unseres allerersten Hauses aufzulösen. Die anderen beiden blieben bestehen.

Wir bezogen gemeinsam mit John und seiner frisch angetrauten Frau Judy eine Wohnung in der Münchener Innenstadt. Hier hatten wir auch das Gemeindebüro, ein Gästezimmer und ein Wohnzimmer für kleinere Versammlungen. Zu der Zeit war ich gerade mit unserem vierten Kind schwanger, und kaum lag der Umzug hinter uns, war ich für ungefähr drei Monate praktisch lahmgelegt, da ich ununterbrochen an einem Übelkeitsgefühl litt. Ich konnte im Grunde nur ausgestreckt im Bett liegen und ruhen.

Judy half mir enorm viel, indem sie sich um unsere drei Töchter kümmerte und das Einkaufen und Kochen erledigte. In dieser Zeit lernte ich, über Gottes Wort zu meditieren, in Gedanken zu beten und Gott in meiner Schwachheit zu vertrauen. Ich erinnere mich, wie ich darüber nachdachte, wie es wohl ist, wenn man chronisch krank oder gelähmt ist, und dass es auch möglich ist, für Jesus zu leben, ohne aktiv zu sein.

Kurz vor der Geburt waren wieder zwei Älteste aus Eureka bei uns zu Besuch, um uns bei wichtigen Entscheidungen bezüglich der Zukunft der Gemeinde zu helfen. An ihrem letzten Abend bei uns luden sie Thomas und mich zum Essen in ein Restaurant ein. Sie erklärten uns, dass es uns freistand, in eine eigene Wohnung zu ziehen, wenn wir es für unsere Familie wichtig fänden. Diese Entwicklung hatte auch in Eureka stattgefunden, weil mit der Zeit immer mehr Familien gegründet worden waren.

Der Gedanke, dass wir als Familie alleine leben sollten, schien uns allerdings zuerst so egoistisch. Diese Möglichkeit hatten wir bis zu diesem Zeitpunkt nie in Erwägung gezogen. Seit unserer Bekehrung hatten wir noch nie größere Entscheidungen aufgrund dessen getroffen, was wir persönlich wollten, und jetzt schien es, als würde uns der Herr die Möglichkeit schenken, selbst zu wählen.

Ich wusste, was ich mir wünschte, aber es fiel mir schwer, es auszusprechen. Für die Kinder fand ich es am besten, wenn sie in ihrem eigenen Zuhause aufwachsen würden und die erste Priorität in unserem Leben haben könnten, anstatt im Terminkalender des Gemeindedienstes untergebracht werden zu müssen. Wir waren beide davon überzeugt, dass wir vor Gott verantwortlich waren, unsere Mädchen auf ihrem Weg mit dem Herrn zu begleiten und zu leiten.

Nachdem das geklärt war, war die nächste Frage: „Wie finanzieren wir eine eigene Wohnung?“ Thomas war Pastor der Gemeinde und arbeitete Seite an Seite mit zwei weiteren Ältesten. In den Wohngemeinschaften waren immer alle Kosten von allen zusammen gedeckt worden. Das würde jetzt anders sein, also berieten sich die Geschwister, mit wie viel Geld sie uns monatlich unterstützen konnten. Doch es war auch klar, dass Thomas eine zusätzliche Stelle zu seiner Aufgabe als Gemeindepastor würde finden müssen, damit wir uns eine Wohnung leisten konnten. Wir mussten also dem Herrn voll und ganz vertrauen angesichts der Tatsache, dass Thomas weder seinen Abiturabschluss noch sonstige Ausbildungen oder Lehren gemacht hatte. Gemeinsam mit unseren kleinen Töchtern, die jetzt sechs, vier und zwei Jahre alt waren, beteten wir dafür, dass Gott unserer Familie eine Wohnung und Daddy einen „Extrajob“ schenken würde.

Zu unser aller Erstaunen und Freude beantwortete Gott unsere Bitten ganz deutlich. Zuerst fanden wir eine gemütliche und vor allem günstige Vierzimmerwohnung in einer schönen Wohngegend und nur kurze Zeit später fand Thomas ganz in der Nähe eine Teilzeitstelle als Notensetzer.

Mitte Juli wurde – wie immer mit einer Hausgeburt – unsere vierte Tochter, Miriam, geboren und für uns begann ein ganz neuer Alltag als Eltern von vier Kindern. Es waren keine „Schwestern" mehr in unmittelbarer Nähe, mit denen ich mir die Arbeit teilen konnte. Stattdessen musste ich den Haushalt ab jetzt alleine meistern. Als Ehepaar mussten wir uns der neuen Lage erst anpassen und einen eigenen Rhythmus entwickeln. Thomas hatte nun zusätzlich zu seinen zahlreichen Aufgaben in der Gemeinde feste Arbeitszeiten, und wir mussten alle Schul- und Kindergarten-Termine koordinieren und darüber hinaus auch noch Zeit füreinander finden.

Es dauerte eine Weile, bis ich mich vollends daran gewöhnt hatte, jeden Tag mit den Kindern allein statt mitten im Geschehen der Gemeindeaktivitäten zu sein. Es gefiel mir aber, mich ganz auf meine Töchter konzentrieren zu können, ohne dabei ständig unterbrochen zu werden. Die ganze Situation war für mich und meine Kleinen dadurch entspannter geworden.

In dieser Zeit kam Esther zu uns und sagte, sie wolle Jesus in ihr Herz einladen. Daddy fragte sie, ob sie die Familie dabei haben wollte, und sie stimmte zu. Als Baby Miriam dann nachmittags eingeschlafen war, setzten wir uns mit Esther (5), Naomi (7) und Lizzy (3) hin und Thomas öffnete die Bibel und las vor: „... wenn du mit deinem Mund Jesus als Herrn bekennen und in deinem Herzen glauben wirst, dass Gott ihn aus den Toten auferweckt hat, [wirst] du gerettet werden [...]" (Römer 10,9). Er erklärte Esther, dass Jesus die Macht hat, uns zu vergeben und uns ein reines Herz zu geben. Die Kinder verstanden bereits, was Sünde war – z. B. Eifersucht, Wut, gemein zu sein, zu lügen, ungehorsam zu sein ...

Thomas betete mit Esther. Anschließend sprang sie auf und rief „Juhu, ich bin neu!" Wir sangen ein paar fröhliche Lieder zusammen, und dann konnte sie es kaum erwarten, Omi Nadja und ihre Großeltern in Kalifornien anzurufen und ihnen durch den Telefonhörer zuzurufen: „Jesus ist in meinem Herzen!"

*

Wir hatten uns entschieden, keinen Fernseher zu haben, und so hatten die Mädchen viel Zeit zum Spielen und Kreativsein. Ich malte mit ihnen zusammen, brachte ihnen bei, zu nähen und zu stricken; sie spielten mit ihrem Puppenhaus oder auf dem Spielplatz vor unserer Wohnung. Thomas erzählte ihnen vor dem Schlafengehen Geschichten, nahm sie mit auf Abenteuerspaziergänge im nahe gelegenen Wald und Maisfeld und im Winter ging es auf dem Hügel hinter dem Haus zum Schlittenfahren oder wir gingen Schlittschuhlaufen. Die Mädchen spielten gerne Bibelgeschichten nach oder dachten sich selbst dramatische Geschichten aus. Dann bastelten sie Tickets und ein Programm, um Thomas und mich ins „Theater" einzuladen.

Als sich Naomi eines Tages langweilte (sie war damals ungefähr zehn Jahre alt), schlug Thomas ihr vor: „Dann lass uns doch zusammen ein Lied schreiben."

Das Lied, das dabei zustande kam, singen wir sogar heute noch manchmal. Doch es sollte nicht bei dieser einmaligen Komposition bleiben. Ein anderes Lied, das Thomas mit allen unseren Töchter gemeinsam komponierte, wurde sogar in einem Liederbuch veröffentlicht.

Auch sonst legten wir viel Wert auf gemeinsame Aktivitäten. Thomas und ich hatten beschlossen, dass wir nicht bei dem ganzen Druck und weltlichen Trubel um Weihnachten mitmachen wollten. Stattdessen nahmen wir als Gemeinde diese Feiertage zum Anlass, zu den Armen und Einsamen zu gehen. Wir bereiteten ein besonderes Essen und Programm in der Gemeinde vor – sowohl für die, die auf der Straße oder auf dem Bahnhof lebten, als auch für die, die sonst alleine wären. Wir besuchten als Familie gemeinsam mit Freunden aus der Gemeinde Flüchtlingshäuser in München, sangen für die Menschen, die dort lebten, und brachten ihnen Essen und Geschenke.

Einmal erzählte Thomas den Kindern an Heiligabend die Geschichte von Jesu Geburt, davon, wie die Engel im Himmel sangen und dass wir ihre Freude teilen können, weil Jesus lebt und wir mit ihm leben. Die Mädchen hörten aufmerksam zu, und dann hatte Thomas die Idee, dass wir für die Nachbarn singen könnten. Wir gingen also raus auf den Flur und begannen zuerst etwas zögerlich zu singen. Aber kaum erklangen die ersten Töne im Treppenhaus, öffneten die Nachbarn nach und nach ihre Türen und kamen heraus. Sie freuten sich offensichtlich über die Musik. Manche steckten den Kindern Weihnachtsplätzchen zu, was diese natürlich ganz fantastisch fanden.

An einem Wochenende im Winter 1982 waren wir für einen Kurzurlaub in ein kleines Ferienhäuschen am Fuße der Alpen gereist. Die Mädchen hatten dort beim Ponyreiten großen Spaß und konnten nach Lust und Laune mit ihrem Papa im Schnee toben. Am Abend packte Thomas seine Gitarre aus, wir sangen alle zusammen und er erzählte Geschichten aus der Bibel.

Elisabeth – wir nannten sie immer Lizzy – wollte jetzt auch ihr Leben Jesus geben und wieder einmal knieten wir uns alle nieder. Voller Vertrauen bat Lizzy Jesus mit ihrer süßen kleinen Stimme, in ihr Leben zu kommen und ihr ihre Sünden zu vergeben. Sie war sichtlich bewegt von der neuen Gewissheit, dass sie von nun an zu Jesus gehörte ...

*

Nachdem wir nun schon ein Jahr lang als Familie alleine gelebt hatten, wuchs in mir der Wunsch, nicht mehr „nur" innerhalb der Gemeinde die Frauentreffen zu leiten, sondern darüber hinaus auch nichtchristliche Frauen zu erreichen. Ich freute mich daher sehr, als mich die Frau eines Münchner Pastors fragte, ob ich daran interessiert sei, mit einer Gruppe von Frauen verschiedener Gemeinden besondere Abendveranstaltungen für Frauen zu organisieren.

Diese Veranstaltungen fanden in einem Hotel statt, und im Laufe des Abends redeten wir über unseren Glauben, erzählten aus unserem Leben, sangen christliche Lobpreislieder und führten persönliche Gespräche mit den nichtgläubigen Frauen, die gekommen waren. Ich musste für diese Arbeit Gitarrespielen lernen, um den Musikteil anzuleiten, weil niemand anderes ein Instrument spielte.

Es war eine herausfordernde, aber auch erfrischende Zeit für mich. Vor allem aber verstärkte diese Erfahrung die immer weiter wachsende Sehnsucht in mir, die Botschaft von Jesus Christus durch Musik weiterzugeben, denn in den vergangen Jahren hatten christliche Lieder immer eine immense Auswirkung auf meinen Glauben gehabt, und ich wollte auch anderen die Chance geben, das zu erleben.

Thomas hatte im Laufe der vorhergehenden Jahre schon unzählige Male Gemeinden musikalisch in die Anbetung Gottes geführt, er hatte viele Lieder geschrieben und bereits einige Stücke aus dem Englischen ins Deutsche übersetzt. Er brachte den Mädchen immer seine neuesten Songs bei und dann dachten wir uns dazu passende Choreografien aus, die die Worte unterstreichen sollten. Weil ich als Kind und Jugendliche schon Tanzunterricht gehabt hatte, war es für mich ganz natürlich, das Leben, das ich in Gott hatte, auch durch Ausdruckstanz umzusetzen.

Irgendwann hatte ich die Idee, einige Bibelstellen zusammenzustellen, und ich bat Thomas, diese mit passender Hintergrundmusik aufzunehmen. Naomi und ich begannen dann gemeinsam, in unserem Wohnzimmer einfache Tanzbewegungen einzustudieren, die zum Text und zur Musik passten. Schließlich lud ich zwei Freundinnen aus der Gemeinde ein mitzumachen. Wir übten viel zusammen und beschlossen, Röcke und Blusen in bunten Farben zu nähen, die wir zu einer ersten Darbietung bei einer besonderen Gemeindeveranstaltung tragen wollten.

Direkt im Anschluss an die Vorführung kamen viele Leute auf uns zu und erzählten uns, dass die Botschaft der Schriftstellen sie tief im Herzen berührt hatte, während sie zugeschaut hatten.

Danach wurden wir immer öfter gebeten, bei christlichen Veranstaltungen in der Stadt aufzutreten. Wir befanden uns mittlerweile mitten in den 80er Jahren, und ich hatte bis dahin in christlichen Kreisen noch nicht erlebt, das andere dramatischen Tanz oder Volkstänze als Ausdrucksmittel der Anbetung oder zur Evangelisation gebrauchten. Schon bald merkte ich, dass meine Ideen und Tanztechniken stark begrenzt waren, und so besprach ich mit Thomas die Möglichkeit, Tanzunterricht zu nehmen. Gemeinsam baten wir Gott um seine Führung.

Ich fand in München eine Tanzschule, die einen Kurs in Modern Dance anbot. Der Kurs wurde von einer jungen Frau aus England geleitet, die die Fundamente von Ausdruckstanz zu instrumentaler Musik lehrte. Ich genoss das Training sehr und war begeistert, nicht nur neue Bewegungen, sondern auch die Grundtechniken des Modern Dance zu lernen. Eines Nachmittags holte Thomas mich mit der ganzen Bande vom Unterricht ab. Die Mädchen waren begeistert, als sie feststellten, dass dort auch Stunden für Kinder angeboten wurden, und natürlich war das anschließend zu Hause das Gesprächsthema Nummer eins. Jetzt wollten sie auch unbedingt Tanzunterricht nehmen. Schließlich gaben wir ihrem Flehen nach und sie waren hellauf begeistert.

Ungefähr ein Jahr später gründete der Leiter der Tanzschule einen Kurs für Kinder, die besonders begabt waren, um ihre Chancen, das Tanzen möglicherweise zum Beruf zu machen, zu vergrößern. Sowohl Esther, die damals zwölf war, als auch die zehnjährige Lizzy wurden in diesen Kurs aufgenommen. Naomi gehörte mit ihren 14 Jahren schon zu den Großen und nahm den gleichen Unterricht wie ich. Außerdem hatte sie mit Stepptanz angefangen. Miriam, die zu diesem Zeitpunkt neun Jahre alt war, entschied sich stattdessen, ein einjähriges Stipendium an einer bekannten Ballettakademie anzunehmen, das ihr angeboten worden war.

Die Lehrerinnen der Kinder veranstalteten regelmäßig Vorstellungen für Eltern und Verwandte, die natürlich zusätzliche Proben und Kostümanproben mit sich brachten. Irgendwann kamen sogar Fernsehauftritte dazu ...

*

Eines Tages besuchten wir als Familie eine Tanzvorführung, die im Circus Krone in München stattfand und bei der Volkstänze aus vielen verschiedenen Nationen aufgeführt wurden. Die Tänzer – von Kindern bis hin zu älteren Personen – trugen farbenfrohe Kostüme, und es wurden Fahnen geschwenkt, die die verschiedenen Nationen repräsentierten. Es war fantastisch.

Während ich wie gebannt zuschaute, dachte ich: Wir sind mit den verschiedenen Völkern aufgrund ihrer Tradition, ihrer Musik, den Volkstänzen und Farben recht vertraut, doch die Welt sollte auch zu sehen bekommen, wie Gottes Volk aussieht. Als Christen repräsentieren wir hier auf der Erde Gottes Königreich, doch viel zu oft leben wir in unserer „privaten" Welt hinter den verschlossenen Türen unserer Gemeindegebäude. Nach diesem Abend begannen Thomas und ich, Gott im Gebet zu fragen, wie wir dazu beitragen könnten, dass sich daran etwas ändern würde.

Schon bald danach geschahen zwei Dinge, die sich als direkte Antwort auf unsere Gebete herausstellten. Zunächst hörte ich von einem zehntägigen christlichen Tanzseminar, das in Altensteig stattfinden sollte. Irgendwie schafften wir es, das nötige Geld dafür aufzubringen, sodass ich daran teilnehmen konnte. Die Leiterin des Seminars war eine amerikanische Tanzlehrerin. Sie war als Mutter von drei Töchtern und mit dem, was sie durch den Tanz und die Anbetung Gottes machte, für mich ein großes Vorbild einer gläubigen Frau, die den Herrn ehrte und dabei all ihre Talente für ihn einsetzte.

Eine Frau aber, die den Herrn fürchtet, die soll man rühmen.
Spr. 31,30

Kurze Zeit später bekamen wir Besuch von amerikanischen Freunden, die uns erzählten, dass sie mit einem anderen Ehepaar aus den USA ein christliches Musical in England durchführen wollten. Die Lieder des Musicals sollten christliche Themen wie zum Beispiel Vergebung, Gottes Heiligkeit, Beziehungen im Leib Christi und die Freude, die ein Leben für Christus bringt, behandeln. Dabei sollten sowohl Erwachsene als auch Kinder mitwirken.

Unsere Freunde hatten vor, deswegen bald für einige Monate nach England zu ziehen, um dort eine Gruppe von Tänzern, Sängern und Kindern zusammenzustellen und das Stück schließlich bei einer Konferenz aufzuführen. Ich wusste, dass ich bei diesem Projekt auf irgendeine Weise dabei sein wollte, und fragte, ob ich helfen könnte. Sie brauchten neben dem Tanzen auch noch Unterstützung beim Nähen der Kostüme und schlugen vor, dass ich zwei Wochen vor der Aufführung nach England käme.

Auch wenn es für unsere Familie in mehrfacher Hinsicht ein Opfer sein würde – finanziell wie familiär –, so ermutigte mich Thomas dennoch zu gehen. Er war zuversichtlich, dass sich schon alles ergeben würde. Er war über die Jahre häufig für Gemeindekonferenzen und -einsätze länger im Ausland gewesen. Jetzt wollte er mir ebenfalls so eine Chance geben.

*

Es war sehr traurig, meine Kinder tatsächlich zu verlassen, aber wir hatten geplant, dass Thomas mit ihnen zur Aufführung nach England kommen würde, und das erleichterte mir den Abschied.

Ich verbrachte jeden Tag damit, mit einigen anderen Frauen die Kostüme für ungefähr 50 Leute zu schneidern. Darüber hinaus nähten wir große Banner, die von den Wänden hängen sollten, und bunte Fahnen und Bänder, die die Kinder tragen sollten.

Ich lernte die einzelnen Tänze und war in fast alle Vorbereitungen hinter den Kulissen involviert. Es war wunderbar zu sehen, wie das gesamte Stück immer mehr Form annahm, und während ich bei einer der letzten Proben in den Zuschauerreihen saß und zuhörte, kam mir ein Gedanke, der vom Heiligen Geist inspiriert zu sein schien: Ich sollte das Musical auch nach Deutschland bringen. Sofort sagte ich im Stillen zum Herrn: „Dann musst du das auch meinem Ehemann zeigen."

Einige Tage später kam Thomas dann mit den Kindern zur Premiere. Das Publikum war wie gebannt, als die Musik losging und die Tänzer, ganz in Weiß gekleidet, durch die Gänge in den Saal strömten. Zeitgleich betrat ein Kinderchor singend und tanzend die

Bühne, ebenso wie einige professionelle Tänzer. Eine Art Moderator führte durch das bunte Programm von Tänzen, Liedern und Pantomime, indem er Bibelstellen vorlas und von einem Leben erzählte, das Gott verherrlicht.

> *So hat er den Beweis erbracht, dass er rettet ... Jubelt dem Herrn zu, ihr Bewohner der Erde! Jauchzt vor Freude, preist ihn mit Gesang.*
> Ps. 98,2–4; GN

Die Zuschauer waren tief bewegt. Der Finalsong handelte von der Freude an Gottes Schöpfung und hieß „Feiert Gottes Heiligkeit“, was gleichzeitig der Titel des Musicals war.

Im Anschluss kamen Thomas und die Kinder mit strahlenden Augen auf mich zu. Thomas’ erste Worte waren: „Wir müssen dieses Musical unbedingt nach Deutschland bringen.“ Er hatte schon darüber nachgedacht, dass er es übersetzen könnte, und noch am selben Abend sprach er mit den Autoren und bekam deren Erlaubnis. Meine Töchter waren natürlich von all diesen christlichen Kindern und Jugendlichen, die gesungen und getanzt hatten, hin und weg, da sie bisher nur weltliche Shows dieser Art gesehen hatten und sich über die Möglichkeit freuten, selbst an der deutschen Aufführung beteiligt zu sein.

Kurz nach unserer Rückkehr ging Thomas zum allmonatlichen Pastorentreffen des „Kreises zur Einheit“. Der Gründer dieses Kreises kündigte an, dass das zehnjährige Jubiläum bevorstand und dass er zu diesem Anlass gerne etwas ganz Besonderes für die Stadt machen würde. Das war die Gelegenheit für Thomas, von dem Musical zu berichten. Die Pastoren waren sich zunächst unsicher, als sie hörten, dass nicht nur gesungen, sondern auch getanzt werden sollte, und baten darum, sich zunächst einmal eine Videoaufzeichnung ansehen zu dürfen. Beim nächsten Treffen zeigte Thomas ihnen dann die Aufnahmen. Die Pastoren waren sofort Feuer und Flamme, und so wurde entschieden, dass das Musical im folgenden Jahr im Rahmen des Jubiläums in München aufgeführt werden sollte.

Thomas und ich stellten einen Plan auf, anhand dessen die Koordination und Vorbereitung in sechs Monaten zu schaffen sein musste. Wir verpflichteten uns, das Gesamtprojekt zu leiten. Thomas sollte die Songs und die Erzählparts übersetzen und den Chor zusammenstellen. Der Rest war meine Aufgabe. Wir brauchten erfahrene Leiter für jeden Bereich: Tanz, Kinder, Chor, Pantomime, Proberäume, ein Licht- und Tonteam, Werbeposter und Programme etc. Außerdem mussten wieder alle Kostüme und Banner genäht werden.

Die Pastoren wollten die Aufführung nicht in einem Gemeinderaum, sondern in einem öffentlichen Gebäude stattfinden lassen und entschieden sich für den Circus Krone – den Ort, an dem wir die Volkstanzshow gesehen hatten, die im Grunde alles ins Rollen gebracht hatte.

Die Vorführung sollte im Sommer 1986 über die Bühne gehen, doch bevor es losging, standen erst einmal die Sommerferien vor der Tür.

Wir waren von unserer Schwestergemeinde *Verbo* in Guatemala eingeladen worden, um dort ein Lobpreis- und Familienseminar abzuhalten und außerdem etwas Urlaub zu machen. Es war für uns alle ein großes Erlebnis. Wir genossen es, viele Menschen aus dieser großen

Gemeinde kennenzulernen, und wir besuchten auch ein christliches Waisenhaus, dass wir schon seit Jahren unterstützt hatten. Thomas fuhr außerdem für zwei Tage mit einigen Gemeindeleitern zu einer anderen Gemeinde nach Nicaragua, um dort zu dienen, während ich mit den Kindern bei Freunden blieb.

Zu dieser Zeit herrschte in Guatemala eine große politische Unruhe, und als wir an einem Tag mit einer befreundeten Familie in einem Einkaufszentrum waren, bemerkten wir wieder einmal die Gegenwart der Soldaten an jeder Ecke. Im Auto auf der Heimfahrt lehnte sich die kleine Miriam (sie war damals sechs Jahre alt) zu mir herüber und flüsterte in mein Ohr, dass sie heute ihr Leben Jesus geben wollte. Am Abend sprach ich mit ihr darüber und schlug vor, dass wir auf Daddys Rückkehr warteten, aber das wollte sie nicht. Sie wollte es hier und jetzt tun. Also setzten wir uns gemeinsam auf das Bett, und ich half ihr, zu Jesus zu beten. Ihr war ganz klar, dass sie Jesu Erlösung in Anspruch nehmen wollte, und sie wusste genau, was sie tat. Später erzählte sie mir, dass der Grund dafür war, dass all die Armut und die vielen Soldaten ihr Angst gemacht hatten und sie gespürt hatte, dass sie zu Jesus gehören wollte. Ganz aus dem Häuschen vor Glück erzählte sie Daddy, als er am nächsten Tag zurückkam, dass sie jetzt auch zu Jesus gehörte.

*

Wieder in München hatte ich vor, sofort mit dem Musical anzufangen, aber gegen Ende September fühlte ich mich immer öfter krank, und ich fragte mich, ob ich womöglich wieder schwanger war. Wir hatten zwar schon daran gedacht, noch ein fünftes Kind zu bekommen, wollten aber eigentlich noch ein paar Jahre warten. Ich machte also einen Schwangerschaftstest und tatsächlich: Er war positiv.

Weil mir die ganze Zeit so schlecht war, fiel es mir schwer, mich über diese Neuigkeit zu freuen. Außerdem machte ich mir große Sorgen, wie ich jetzt meine Verpflichtungen bei dem Musical erfüllen sollte. Ich kann mich an einen Abend erinnern, an dem ich im Bett lag und überzeugt war, dass die Schwangerschaft garantiert das Schlimmste war, was zu diesem Zeitpunkt hätte geschehen können. In der Hoffnung, Trost vom Herrn zu bekommen, öffnete ich meine Bibel und las darin. In den Psalmen stieß ich auf folgenden Vers: „Kinder sind ein Geschenk des Herrn, mit ihnen belohnt er die Seinen" (Psalm 127,3; GN). Gott wollte mir offensichtlich zeigen, dass dieses kleine Baby eine „Belohnung" für uns war und dass es uns viel Freude bringen würde. Also konnte ich im Gebet zu Gott sagen: „Ich danke dir, Herr, für dieses Geschenk und ich werde dir auch mit allem anderen vertrauen."

12

Ich fuhr also mit den Vorbereitungen für das Musical fort. Mir war jetzt klar, dass Gott mein Leben in seiner Hand hielt und dass er höchstpersönlich den Zeitpunkt für die Aufführung ebenso wie den für die Ankunft unseres neuen Babys festgelegt hatte.

Es gibt eine Schriftstelle in Sprüche 16,9, in der es heißt: „Das Herz des Menschen plant seinen Weg, aber der Herr lenkt seinen Schritt.“ Ich konnte dem Herrn also getrost vertrauen und in dem Frieden ruhen, dass er mir helfen würde. Und tatsächlich: Die meiste Zeit der Schwangerschaft fühlte ich mich gut und ich hatte genug Energie, alles zu meistern.

*

Das Musical wurde immer mehr zu einem richtigen Familienprojekt. Die Lieder des Musicals waren für uns alle eine ständige Quelle der Ermutigung, während Thomas sie zu Hause übersetzte und die Mädchen und ich parallel dazu die verschiedenen Choreografien vorbereiteten und einstudierten. Sogar Thomas' Mutter Nadja kam aus Berlin, um mitzuwirken.

Schon bald begannen die großen Proben mit allen Teilnehmern, zu denen sich Christen aus den verschiedensten Gemeinden der Stadt in den diversen Gemeinderäumen trafen. Am Schluss waren an dem Projekt mehr als 200 Leute beteiligt, Fotografen und ein professionelles Videoteam eingeschlossen.

*

Am großen Tag der Vorführung von „Feiert Gottes Heiligkeit" versammelte sich rasch eine große Menschenmenge vor dem Eingang des Zirkusgebäudes. Ungefähr 2000 Menschen passten hinein, dann mussten die Türen aus Sicherheitsgründen geschlossen werden. Unglücklicherweise mussten viele draußen bleiben. Als ich sicher war, dass wirklich alles bereit und jeder am richtigen Platz war, konnte ich mich entspannt zurücklehnen und die komplette Vorstellung genießen.

Kaum dass Thomas mit den ersten Worten der Moderation begonnen hatte und der Chor „Heilig ist der allmächtige Herr" angestimmt hatte, wusste ich, dass sich all die harte Arbeit gelohnt hatte. Während der ganzen Aufführung war deutlich zu spüren, dass nicht nur alle Mitwirkenden, sondern auch die Zuschauer ein neues Verständnis von der wunderbaren Größe Gottes bekamen und davon, dass er sich danach sehnt, uns in unserem persönlichen Leben zu führen und zu begleiten. Am

Schluss blieben viele der Besucher noch lange zurück, tauschten sich aus und beteten miteinander. Während ich noch auf meinem Platz saß, kam der Leiter vom „Kreis zur Einheit“ auf mich zu und sagte: „Das machen wir nächstes Jahr wieder, dann aber an zwei Abenden.“ Er war von der Resonanz überwältigt, und es tat ihm so leid, dass viele gar nicht mehr hereingelassen worden waren.

Wir als Familie hatten aber zunächst einmal ganz andere „Sorgen“. In wenigen Wochen sollte Baby Nummer fünf kommen, und wir mussten wieder für ein neues Zuhause beten, da unsere Wohnung zu klein wurde. Naomi war nun schon ein Teenager, und wir wussten, dass es für unsere heranwachsenden Mädchen wichtiger wurde, etwas mehr Platz zu haben.

*

Im August 1986 war es so weit. Deborah wurde geboren. Schon nach wenigen Tagen wurde klar, dass die Konkurrenz unter den Mädchen, wer sich denn nun um die Kleine kümmern durfte, kein Ende nehmen würde, also stellte Thomas einen Wochenplan mit klaren Schichten und Aufgaben auf. Windeln wickeln, anziehen (was auch bedeutete, die süßen Babykleider auszusuchen), Nachtschicht (Debby nachts alleine die Flasche geben und sie in den Schlaf wiegen zu dürfen war das Höchste!), sie nach dem Stillen fürs „Bäuerchen“ herumtragen ... – er dachte an alles, und da die Mädchen zu der Zeit Ferien hatten, hatten sie sehr viel Zeit, sich um dieses kleine Wesen, das mit mehr Liebe hätte nicht umgeben sein können, zu kümmern.

Dann machte Thomas noch einen Haushaltsplan, in dem er alle anfallenden Arbeiten verteilte, damit ich in der ersten Zeit nicht kochen, putzen oder Wäsche machen musste. Es war definitiv von Vorteil, nur Töchter zu haben, für die Mutter und Hausfrau zu spielen ein Riesenspaß war.

*

Es war nicht gerade einfach, etwas Geeignetes und nicht allzu Teures für eine siebenköpfige Familie zu finden, doch in Gottes perfektem Timing fanden wir dann neun Monate nach Debbys Geburt ein wunderbares Haus. Finanziell waren wir nun besonders herausgefordert, und so nahmen wir uns vor, bei dem nächsten unserer regelmäßigen Familientreffen auch mit diesem Anliegen vor Gott zu treten.

Diese gemeinsamen Abende waren für uns als Familie immer sehr wichtig. Wir nutzten sie, um uns über Schwierigkeiten in der Schule, bei der Arbeit oder untereinander auszutauschen und dann miteinander nach Lösungen zu suchen. Nachdem die Mädchen ja nun „wiedergeborene Christen" waren, nahmen wir manchmal gemeinsam das Abendmahl ein. Vorher baten wir einander um Vergebung für Dinge, die zwischen uns vorgefallen waren.

An einem dieser Abende fragte Thomas wie immer, ob irgendeiner etwas sagen wollte. Miriam druckste zuerst etwas rum, dann platzte es aus ihr heraus. Sie sagte, dass sie traurig sei, dass Daddy ihre Schokolade in der Küche einfach aufgegessen hatte. Thomas hatte nicht gewusst, dass es ihre gewesen war, und er entschuldigte sich bei ihr und tröstete sie.

Dies war nur einer von vielen großen und kleinen Vorfällen, doch auf diese Weise lernten wir alle, in Liebe und Frieden zusammenzuleben. Meistens schloss Thomas unsere Familientreffen mit der Aufforderung: „Jetzt sagt einander noch etwas Ermutigendes." Kichernd umarmten sich die Mädchen dann, und wir sagten einander, dass wir uns lieb hatten.

Gewohnheiten wie diese haben uns sehr geprägt und es über die Jahre möglich gemacht, dass wir uns immer aufs Neue miteinander versöhnen und vielerlei große Schwierigkeiten überwinden konnten, was sonst unmöglich oder sehr schwer gewesen wäre. Ich werde meinem Mann immer dankbar dafür sein, dass er uns so gut geführt und uns beigebracht hat, geistliche Prinzipien in unseren eigenen vier Wänden ganz praktisch zu leben.

13

In den folgenden Jahren hatten wir noch mehrere Aufführungen von „Feiert Gottes Heiligkeit“ in der Olympiahalle in München, in Birmingham, England, und in Oregon, USA, bei der jährlichen Konferenz von *Gospel Outreach.* Wir produzierten sogar ein dazugehöriges Album.

Eine Frau, die im ersten Jahr in München mitgewirkt hatte, gründete in unseren Gemeinderäumlichkeiten eine kleine Tanzschule, wofür ein Raum umgebaut und renoviert wurde. Naomi und Esther boten dort unter anderem Stepp- und Jazztanz-Kurse für Kinder an. Mit sechzehn gründete Naomi eine Chor- und Tanzgruppe mit ca. 35 Kindern aus vielen Gemeinden in München im Alter von fünf bis siebzehn, genannt „Joy-Team“. Sie hatten regelmäßige Aufführungen in Gemeinden und auf Marktplätzen und gingen in den Ferien auf Tour in einige ehemalige Ostblockländer.

Im Laufe der Jahre hielten wir als Familie in unseren Schwestergemeinden in England, Italien oder Frankreich regelmäßig Seminare zum Thema „Lobpreis und Kreativität in der Familie“ ab und wurden häufig eingeladen, um „Familienkonzerte“ zu geben.

Thomas musste nach wie vor zusätzlich zu seinem Dienst als Vollzeitpastor weitere Jobs machen, da uns unsere Gemeinde nur teilweise unterstützen konnte. Wir erhielten einen kleine Missionsspende aus unserer Heimatgemeinde in den USA und einen regelmäßigen Betrag unserer Schwestergemeinden in Europa, da Thomas inzwischen die Gesamtkoordination von *Gospel Outreach* in Europa leitete. Er verrichtete also für diverse Firmen Übersetzungsarbeiten – von Prospekten über Businessplänen bis hin zu kompletten Büchern –, um die Haushaltskasse aufzufüllen.

Ich konnte sehen, wie die viele Arbeit und die Verantwortung, die auf seinen Schultern lastete, allmählich an ihm zu zehren begann. Er befand sich irgendwann in einem unendlichen Kreis von Verpflichtungen, von denen er dachte, dass er jede einzelne um jeden Preis erfüllen musste. Wenn ich ab und zu vorsichtig zur Sprache brachte, dass er doch keine neuen Aufgaben mehr übernehmen solle, lief es immer auf einen Streit hinaus, weil er das Gefühl hatte, ich könne seine Lage nicht verstehen.

Ab und zu bekam er Magenschmerzen, wenn er bestimmte Lebensmittel zu sich nahm. Mit der Zeit kamen die Schmerzen regelmäßiger und schließlich wurden sie akut, also ging er endlich zum Arzt. Der konnte jedoch nichts finden und meinte, die Schmerzen seien lediglich Stresssymptome. Meist setzten die Schmerzen nachts ein, kurz nachdem er sich hingelegt hatte. Die folgenden Stunden verbrachte er dann damit, im Zimmer auf und ab zu laufen. Zweimal wurde es so schlimm, dass wir den Notarzt rufen mussten, der ihm dann eine schmerzstillende Spritze verpasste. Einer der Ärzte fragte, ob er Stress habe. Thomas antwortete mit „Nein", doch ich sagte: „Ja, sehr viel."

„Sie müssen Ihr Leben radikal ändern und etwas kürzer treten", meinte der Arzt.

Letztendlich holte ich mir Tipps von einer Ernährungsberaterin und setzte Thomas auf eine strikte Diät, damit sich sein Magen erholen konnte. Ein Bruder aus der Gemeinde bezahlte sogar eine einwöchige Kur für ihn. Diese Kur schien tatsächlich zu wirken. Nach einigen Monaten war Thomas wieder richtiggehend fit und die Symptome kamen auch nicht wieder. Auf die Idee, tatsächlich kürzer zu treten, kam er jedoch nicht.

Als Ehefrau war ich natürlich um die Gesundheit und Verfassung meines Mannes besorgt. Es war deutlich, dass mit der Gemeindearbeit eine große Verantwortung auf ihm lastete, denn er stand sehr stark unter Druck, es allen Mitarbeitern und Gemeindemitgliedern recht zu machen. Im Laufe der Jahre hatte es immer wieder Menschen in unserer Gemeinde gegeben, die die Leiterschaft übernehmen wollten und meinten, alles besser machen zu können. Jedes Mal hatte Thomas seinen Stolz heruntergeschluckt und sich geduldig und offen mit ihnen hingesetzt und geredet. Er verbrachte Stunden mit ihnen im Gespräch über die Probleme und versuchte immer, sich ihren Wünschen entsprechend zu verändern, sich anzupassen oder ihnen mehr Raum zu geben. Auch wenn er mir oft sagte, dass solche Dinge nun mal zu diesem „Job" dazugehörten und in der Bibel häufig von der Kritik an den Leitern geschrieben würde oder davon, das Menschen versuchten, die Autorität der von Gott eingesetzten Personen zu untergraben, so war dies oft kaum ein Trost. Diese Vorfälle waren immer unglaublich ermüdend; sie belasteten ihn persönlich, aber auch unsere ganze Familie und brachten meistens doch nichts ...

Mit der Zeit kehrten Thomas' gesundheitliche Probleme zurück. Schließlich musste er seinem geschwächten Körper, aber auch dem Drängen seiner Familie und seiner Freunde nachgeben und einsehen, dass er dringend eine Pause nötig hatte. Jim Durkin schlug vor, dass einer seiner Leiter zu uns nach Deutschland kommen würde, um die Gemeinde zu leiten, damit Thomas sich einmal ausruhen konnte.

> *Vertraue auf den Herrn mit deinem ganzen Herzen und stütze dich nicht auf deinen Verstand! Auf all deinen Wegen erkenne nur ihn, dann ebnet er selbst deine Pfade!*
> Spr. 3,5–6

Dieser Plan brachte aber zwei schwerwiegende Probleme mit sich. Zum einen würde sich Thomas, der sowieso schon auf dem Zahnfleisch ging, um Wohnung, Papiere und alles Weitere für diesen Mann kümmern müssen. Zum anderen würde unsere Gemeinde uns nicht mehr finanziell unterstützen können, da viel Geld nötig sein würde, den neuen Pastor aus den USA zu finanzieren. Also musste Thomas auf der Stelle, anstatt sich auszuruhen, einen Vollzeitjob finden, und dies für einen Zeitraum von gerade mal sechs bis zwölf Monaten.

Die Bibel sagt uns, dass im Leben jedes Christen Stürme kommen werden. Deswegen ermahnte Thomas die Mädchen und mich immer wieder mit den Worten: „Wichtig ist, dass man Gott vertraut!"

Während Thomas sich nach neuer Arbeit umsah, wurde er gefragt, ob er für einen christlichen Verlag zwei Musikalben produzieren wolle. Diese Projekte waren ein Segen, brachten aber kein regelmäßiges Einkommen, also fing er an, sich in der „Geschäftswelt" umzusehen. Nach ein paar vorübergehenden Einstellungen landete er schließlich bei einem internationalen Business-Center, bei dem ihm ein sehr gutes Angebot gemacht wurde. Da er fließend Englisch und Deutsch sprach, gut im Umgang mit Menschen war und darüber hinaus vertrauenserweckend und zuverlässig, wollte man ihn dort unbedingt als freien Mitarbeiter haben. Er sollte unter anderem internationale Firmen akquirieren, die in München fertig eingerichtete Büroräumlichkeiten brauchten. Wir waren beide überaus erleichtert, dass Gott nach anfänglichen Hindernissen diese Tür geöffnet hatte.

Der Plan mit dem Pastor aus Kalifornien missglückte leider. Nach sehr kurzer Zeit und einigem Wirrwarr packte dieser seine Sachen und reiste wieder ab. Die Gemeindeleitung musste nun entscheiden, wie sie am Besten vorgehen sollte, und bat Thomas, das Pastorenamt wieder aufzunehmen. Es war eine der schwierigsten Entscheidungen, die er je treffen musste, und er brachte es kaum übers Herz, aber er war sich sicher, dass Gott ihn in eine neue Richtung führte, also lehnte er ab, weil er Gott gehorchen wollte.

Er litt sehr darunter, dass es den Anschein hatte, als hätten die Gemeindeglieder, die gegen ihn gearbeitet hatten und ihn loswerden wollten, nun letztendlich gesiegt. Er fühlte sich völlig allein gelassen – teilweise auch von mir entfernt – und er verbrachte viele frühe Morgenstunden im Hobbykeller im Gebet. Regelmäßig flehte er den Herrn an, dass er ihm helfen möge, nicht bitter gegen irgendjemanden zu werden, und stattdessen voll und ganz ihm zu vertrauen.

Es wurde keine Alternative gefunden und zu guter Letzt musste die Gemeinde aufgelöst werden. All unsere Freunde und Gemeindemitglieder verteilten sich auf andere Gemeinden. Dank der vielen Projekte, die die Gemeinden der Stadt gemeinsam durchgeführt hatten und die auch teilweise von Thomas ins Leben gerufen worden waren, kannte man die anderen Gemeinden und so war dies kein allzu großes Problem. Und mit Gottes Hilfe schafften wir beide die Umstellung auf eine neue Richtung im Leben.

*

Es war 1992 und wir dachten jetzt, wir hätten die schwierigsten Stürme überstanden. Thomas sollte in zwei Wochen seine neue Stelle antreten, als er aufgrund einer geschwollenen Stelle an seinem Brustkorb eine Biopsie durchführen lassen musste.

Es wurde Krebs diagnostiziert. Wir fielen aus allen Wolken, waren aber trotzdem optimistisch, dass dies nicht unbedingt ein Todesurteil sein musste. Zuerst entfernten die Ärzte den Tumor am Brustknochen und ersetzten diesen durch eine Titaniumplatte. Als ich unmittelbar nach dem Eingriff zu ihm durfte, bekam ich bei seinem Anblick einen großen Schrecken. Er war noch nicht bei

Bewusstsein und wurde noch künstlich beatmet. Als ich seine Hand berührte, war sie fürchterlich kalt.

Mir wurde ganz anders.

Es war deshalb besonders eigenartig für mich, weil ich nur ein Jahr zuvor in Kalifornien bei der Beerdigung meines Dads gewesen war. In den USA ist es üblich, dass beim Abschiedsgottesdienst der offene Sarg vor den Trauernden steht, und dort hatte ich eben die Hand meines Vaters ein letztes Mal berührt, ohne vorher zu wissen, dass sie kalt sein würde.

Es war sehr beängstigend, Thomas dort liegen zu sehen, und kein Arzt, nicht einmal eine Schwester, nahm sich die Zeit, auch nur ein Wort mit mir zu reden. Ich blieb nicht lange bei Thomas, betete dort aber noch für ihn, bevor ich ging.

Als ich anschließend alleine nach Hause fuhr, hatte ich zum ersten Mal seit meiner Bekehrung richtige Angst. Doch plötzlich spürte ich Gottes Nähe und mir war, als würde er zu mir sagen: „Du bist nicht allein!" In meinen Gedanken sprach er zu mir die Worte: „Diese Krankheit ist nicht zum Tode." Gott war bei mir, und ich spürte den Frieden und die Gewissheit, dass Thomas genesen und jetzt noch nicht sterben würde.

Ehe ich mich an diesem Abend schlafen legte, öffnete ich wie jeden Abend meine Bibel und suchte nach der Schriftstelle, in der Jesus von Lazarus spricht, nachdem dessen Schwestern ihn zu Hilfe gerufen haben: „Diese Krankheit ist nicht zum Tode, sondern um der Herrlichkeit Gottes willen, damit der Sohn Gottes durch sie verherrlicht werde" (Johannes 11,4).

Früh am nächsten Morgen klingelte das Telefon. Thomas war dran. Seine ersten Worte waren: „Unkraut vergeht nicht!" Es war typisch für ihn, in einer ernsten Lage wie dieser Witze zu machen.

Jeden Tag besuchten unsere Töchter und ich Thomas im Krankenhaus und brachten ihm Karten und Fotos. Die Mädchen hatten alle verschiedene Auffassungen von der Krankheit. Naomi war sich der Ernsthaftigkeit der Krankheit bewusst, während unsere Kleinste zuerst dachte, dass sein Leiden etwas mit Krebsen aus dem Meer zu tun hätte. Miriam kostete es immer wieder viel Mut zu kommen, denn die Gerüche in der Klinik verursachten bei ihr eine unangenehme Übelkeit.

Nur wenige Tage nach der OP erzählte Thomas uns, dass er in der Nacht zuvor aufgestanden war und seinen Tropf mit der Medizin hinter sich herziehend zu seinem Bettnachbarn rübergeschlurft war, um für diesen zu beten, da er nicht schlafen konnte und vor Schmerzen schrie. Nicht lange nach dem Gebet hatten die Schmerzen nachgelassen und der Mann war eingeschlafen.

*

Nach weiteren Tests im Krankenhaus fand man den Ursprung des Krebses in der Niere und einen kleinen Tumor an der Leber.

Nachdem Thomas sich von der Operation gut erholt hatte, wollten die Ärzte als Nächstes die Niere entfernen. Da es ihrer Meinung nach keine andere Wahl gab, war Thomas dazu bereit, doch ich hatte mich in der Zwischenzeit nach alternativen Behandlungsmethoden umgehört. Es war nicht garantiert, dass der Krebs nach einer OP nicht an weiteren Stellen im Körper auftreten würde.

Wir besprachen die Lage gründlich miteinander, denn die Ärzte warteten auf Thomas' Einwilligung. Wir wussten, dass die Versicherung eine OP bezahlen würde, nicht aber natürliche Medizin und hochwertige Vitaminpräparate. Der finanzielle Aspekt musste folglich auch berücksichtigt werden.

Wir entschieden uns für eine Fastenkur. Auf die Ablehnung der Nierenoperation reagierten die Ärzte äußerst ärgerlich, sie beschimpften Thomas als einen Idioten und versicherten ihm, dass er in einigen wenigen Monaten sterben würde, und rieten ihm, davor noch alles zu regeln, was zu regeln war.

Um Thomas zur Seite zu stehen, beschloss ich, die 42-tägige Kur mit ihm zusammen zu machen. Es handelte sich dabei um eine radikale Diät mit reinigenden Kräutertees und gepressten und gefilterten Gemüsesäften, durch die der Krebs ausgehungert werden sollte. Da er noch geschwächt war und nicht arbeitete, konnte er sich während dieser Zeit ausreichend ausruhen. Was die Stelle im Business-Center anging, so wollte man ihn dort so gerne haben, dass man ihm ohne Weiteres einen Aufschub von drei Monaten gab, damit er sich erholen konnte. Diese Tatsache war wie ein Wunder für mich.

Jeden Morgen begann Thomas den Tag im Gebet und mit Bibellesen. Er bat Gott, ihm zu zeigen, warum er krank geworden war. Er hatte den Eindruck, dass Gott ihm als erste „Antwort“ aufs Herz legte, dass er jedem vergeben sollte, der ihn verletzt oder über die Jahre enttäuscht hatte.

Bei einigen speziellen Vorfällen in der Gemeinde war es für ihn gewesen, als hätten Vertraute ihm in den Rücken gestochen, nachdem er wirklich viel für sie getan, ja, in einer sehr außergewöhnlichen Situation sogar sein Leben für jemanden aufs Spiel gesetzt hatte.

Er stellte also eine Liste auf und nahm mit jedem persönlich Kontakt auf. Dies war zuerst sehr demütigend und schmerzhaft, aber er zog es durch und letztlich war es eine tiefgreifende und befreiende Erfahrung für ihn.

Ohne dass wir je danach fragten, kamen Spenden von anderen Gemeinden, damit wir unsere laufenden Kosten begleichen konnten, solange Thomas nichts verdiente. Dafür waren wir unendlich dankbar. Außerdem nahm ich zwei Teilzeitstellen an – eine in einer Arztpraxis und eine Putzstelle –, und unsere zwei ältesten Töchter fingen an, Zeitungen auszutragen, zu putzen oder zu babysitten, um zu helfen, uns über Wasser zu halten.

Thomas und ich hatten inzwischen beide einige Kilos verloren, aber wir genossen die Kur und die ruhige Zeit sehr. Für Thomas fühlte es sich an wie ein Neuanfang und er kam erstaunlich schnell wieder zu Kräften. Als wir nach einigen Monaten zum Arzt zur Untersuchung gingen, gab es eine wunderbare Diagnose: Der Krebs an der Leber war komplett verschwunden und der Nierenkrebs um ein Vielfaches geschrumpft.

„Normalerweise", sagte der Arzt uns, „wächst ein derartiger Tumor unheimlich schnell." Das machte uns Hoffnung, dass wenn wir weiter besonders auf Thomas' Ernährung und Arbeitspensum achteten, er die Chance hätte, vollkommen geheilt zu werden.

14

Gott hatte uns in ein ganz neues Umfeld, außerhalb des „wohlbehüteten“ Gemeindelebens „gesetzt“, indem er uns alle, um Geld zu verdienen und die Talente der Mädchen zu fördern, in „normale“ Jobs steckte. Es war, als wollte er uns einer Glaubensprüfung unterziehen. Zum anderen hatten wir dadurch aber auch die Möglichkeit, fast täglich Menschen, denen wir sonst nie begegnet wären, von Jesus zu erzählen.

Nachdem Thomas sich nun von seiner Operation erholt und seine Arbeit am Businesscenter aufgenommen hatte, war ich so langsam am Ende meiner Kräfte angelangt und brauchte dringend eine Pause. Wie ich es schon einmal einige Jahre zuvor getan hatte, ging ich deshalb für drei Wochen in eine Mutterkur.

Ich genoss es, durchatmen zu können, stundenlang alleine zu malen, im nahe gelegenen Wald zu fotografieren, zu schwimmen und Massagen zu erhalten. In den

Gruppengesprächen, die wir dort hatten, wurde mir klar, dass ich bei all meinen Verpflichtungen Prioritäten setzen und vor allem einige ganz streichen musste. Ich nahm mir vor, meinen Bürojob in der Arztpraxis aufzugeben. Thomas arbeitete ja wieder und mein Alltag musste nun, wenn möglich, weniger hektisch werden, denn zusätzlich zu meinen Aufgaben als Mutter von fünf Kindern hatte ich begonnen, Naomi zu managen, die an ihrer Gesangskarriere arbeitete.

Gegen Ende des Sommers 1994 wurde Debby acht Jahre alt. Wie die anderen Mädchen hatte auch sie mit fünf Jahren ihr Leben Jesus gegeben. Damals hatte sie von sich aus angekündigt: „Wenn ich acht Jahre alt bin, möchte ich mich taufen lassen!" Die anderen hatten sich im Alter von ungefähr neun bis elf Jahren taufen lassen und jetzt war sie an der Reihe. Sogar Omi Nadja aus Berlin reiste extra zu diesem Anlass an. Es war ein besonderer Tag für die ganze Familie. In demselben Jahr entdeckte Debby ihre Gabe fürs Songwriting, und sie begann, ein Lied nach dem anderen zu komponieren.

Die anderen vier waren mittlerweile alle in die Teenagerjahre gekommen. Wir hatten in der Vergangenheit immer versucht, unsere Mädels vor dem „schädlichen" Einfluss des Fernsehens, vieler Kinofilme, der säkularen Musik und falschen Freunden zu beschützen. Für Teenager ist es aber besonders schwierig, nicht „der Welt gleich" sein zu wollen. Gottes Standard wie z. B. die Zehn Gebote, die Sprüche der Weisheit und die Lehren Jesu´ im Neuen Testament erscheint ihnen besonders in dieser Phase einfach nur „altmodisch".

Wir hatten uns große Mühe gegeben, ihnen schon von klein auf zu vermitteln, dass es wichtiger ist, Jesus von ganzem Herzen zu lieben anstatt die Dinge dieser Welt. Doch jetzt waren sie Teenager und wollten unabhängig werden und ihren eigenen Weg im Leben finden. Es war fast unmöglich für sie, christliche Altersgenossen zu finden, die es mit Gott wirklich ernst meinten. Nur Naomi hatte das Privileg, eine Gruppe solcher jungen Leute kennenzulernen, die mit ihrem ganzen Leben und ihren Talenten für Jesus leben wollten, als sie an einem internationalen missionarischen Jugend-Camp in den USA und der Karibik teilnahm.

Drei meiner Mädchen gelangten an Freunde, die alle etwas älter waren als sie selbst und keinen christlichen Hintergrund hatten. Die Mädchen begannen, mit ihnen nachts durch Discos und Clubs zu ziehen. Dabei wurde selbstverständlich geraucht, getrunken und geflirtet. Außerdem wurden sie von einigen aus dieser Gruppe ermutigt, sich von den Maßstäben der Eltern zu trennen. Aus deren Perspektive war das natürlich ganz normal.

Thomas und ich entschieden uns, unseren Töchtern etwas mehr Freiraum zu geben, damit sie lernen konnten, eigene Entscheidungen zu treffen, aber es gab trotzdem noch einen Rahmen, wie z. B. wann sie zuhause zu sein hatten. Eines nachts, als sie sich verspätet hatten und dann anriefen und fragten, ob sie sogar noch länger wegbleiben könnten, drohte Thomas ihnen, dass er sie höchstpersönlich im Pyjama holen würde.

Obwohl jede von ihnen eine Beziehung zu Jesus hatte, waren sie in die Falle hineingesogen worden zu glauben, dass sie eigentlich tun und lassen konnten, was immer sie wollten, solange sie noch an Jesus glaubten. Obwohl Jesus gesagt hat, dass „an ihn zu glauben" bedeutet, ihm zu folgen und zu gehorchen, so hatten sie begonnen, sich was vorzumachen und immer mehr Ausreden für falsche Einstellungen und Taten zu finden. Ich konnte vor meinen eigenen Augen die Wahrheit der Bibelstelle beobachten, in der es heißt: „Irrt euch nicht: Schlechter Umgang verdirbt gute Sitten" (1. Korinther 15,33).

Natürlich wollten wir unsere Kinder davor bewahren, unnötiges Leid zu erleben.

Mein Mann führte mit ihnen viele Gespräche bezüglich einer angemessenen Beziehung zu jungen Männern, und er versuchte sie zu ermutigen, vorsichtig zu sein, nichts zu überstürzen und darauf zu warten, dass Gott ihnen den Richtigen zur rechten Zeit in ihr Leben schickt. Thomas und ich hatten über die Jahre immer wieder für jede unserer Töchter sowie für ihre zukünftigen Partner gebetet. Wir ermutigten sie, einen Mann nur dann als Partner in Erwägung zu ziehen, wenn er ein ernsthafter Christ war, jemand, der eine solide christliche Basis hat, sie respektiert und der Gottes Willen für sein Leben tun möchte.

Natürlich folgt unweigerlich das Problem zu erkennen, ob jemand ein aufrichtiger Nachfolger Jesu ist oder ob er nur so tut, um das Mädchen, das er begehrt, zu bekommen. Thomas, der als Pastor zahlreiche junge Menschen und Paare in der Seelsorge gehabt hatte, wusste aus diesen Gesprächen, was für eine schmerzhafte Erfahrung es ist, wenn man zulässt, sich in jemanden zu verlieben in der Hoffnung, man könne ihm im Glaubensleben helfen. Besonders im Alten Testament gibt es viele Geschichten und Zeugnisse über den Verfall von Gottesmännern, die sich auf ungläubige Frauen eingelassen hatten. Solche Beziehungen führten immer zur Sünde und weit weg von Gott. Auch im Neuen Testament finden wir eine deutliche Warnung: „Geht nicht unter fremdartigem Joch mit Ungläubigen! Denn welche Verbindung haben Gerechtigkeit und Gesetzlosigkeit? Oder welche Gemeinschaft Licht mit Finsternis?" (2. Korinther 6,14)

Trotz aller Höhen und Tiefen wuchsen unsere Mädchen aber zu jungen Damen heran und wandten sich zu meiner Erleichterung nie vom Herrn ab.

15

Seit Thomas' Operationen waren ungefähr drei Jahre vergangen, als bei ihm im unteren Rückenbereich erneut Schmerzen auftauchten, die langsam zu einer Schwächung seiner Beine führten. Die Diagnose der Ärzte lautete: Krebs in der Wirbelsäule. Sie sagten, er müsse dringend operiert werden, da ihm sonst eine Querschnittslähmung drohe.

Wir hatten ursprünglich von der Bibel gelernt, Gottes Willen anzuerkennen, auch wenn dies Leid, Trübsal oder Herausforderungen bedeuten sollte; sich unter Gottes Hand zu demütigen; Gottes Wort zu lesen, um direkt von ihm Antworten zu empfangen; für Weisheit bei den Entscheidungen zu beten.

Wir waren damals aber von einer immer populärer werdenden Theologie beeinflusst worden, ohne es zu merken. Grob gesagt handelte es sich dabei um das Konzept „Macht durch Glauben, Bekenntnis und positives

Denken“ und die Verbreitung des Evangeliums durch „Apostel und Propheten“ und „Zeichen und Wunder“.

Was dabei aber unter der Oberfläche vermittelt wird, ist, dass Schwäche, Verfolgung, Krankheit oder Tod im Leben eines Gläubigen nicht vorkommen, obwohl die Schrift Jesus selbst als einen Mann des Leidens beschreibt und Paulus sogar so weit geht, dass er sich seiner Schwachheit und Trübsal rühmt. Das Resultat der zuletzt genannten „Glaubensrichtung“ hat aber zur Folge, dass der Mensch die souveräne Führung Gottes nicht anerkennt, sondern sein Schicksal selbst in der Hand zu haben meint.

Auch wenn Thomas in seiner Verzweiflung anfangs an dieser „Lehre“ interessiert gewesen war, so „stolperte“ er immer wieder darüber, dass diese Richtung langfristig zu Überheblichkeit führen musste, was er aber in seinem Herzen mit seiner Ehrfurcht Gott gegenüber nicht vereinbaren konnte.

Thomas las in dieser Zeit oft im Buch Hiob. Aus der Geschichte dieses Gottesmannes, der ebenfalls von Krankheit geschlagen war, schöpfte er Ermutigung für seine Situation. Am Anfang des Buches heißt es von Hiob: „Dieser Mann war rechtschaffen und redlich und gottesfürchtig und mied das Böse“ Hiob 1,1. Für Thomas bestand kein Zweifel, dass Gott ihn durch ein Wunder heilen konnte und dass unser himmlischer Vater ebenso Ärzte und die Medizin gebrauchen konnte, um ihm zu helfen. Er wusste aber auch, dass Paulus unter körperlicher Bedrängnis litt und dass Gott ihm gesagt hatte, er werde ihm dieses Leid zwar nicht wegnehmen, ihm aber seine Kraft schenken.

*

Wir beschlossen, einen Tag und eine Nacht zu fasten und zu beten, um Gott um Rat zu fragen. Hinterher waren wir uns alle einig, dass Thomas sich einer OP am Rücken unterziehen sollte. Im Gebet hatte ich mich an die Stelle erinnert, an der Jesus zu dem Kranken auf der Trage, der von seinen Freunden hergebracht worden war, sagte: „Ich sage dir, steh auf, nimm dein Bett auf und geh in dein Haus" (Markus 2,11). Diese Worte Jesu gaben mir die Zuversicht, dass die Operation gut verlaufen würde.

Wieder einmal würde Thomas sich von der Arbeit freinehmen müssen, und wir würden sehen müssen, wie wir finanziell über die Runden kommen würden.

Einige Tage bevor es losging ließ Thomas eine Kaffeetasse mit seinem Foto bedrucken, die er mir am Tag der Operation in die Hand drückte. „Falls mir etwas zustößt, kannst du beim Frühstück immer an mich denken", sagte er dabei. Auf dem Bild strahlte er, als gäbe es keine Sorge auf der Welt. Es erinnert mich auch heute nach daran, mich nicht zu sorgen, egal, was geschieht.

Wir hatten zu der Zeit schon seit mehr als einem Jahr aufgrund mangelnder Finanzen kein Auto mehr, also fuhr Thomas mit der U-Bahn ins Krankenhaus.

Abends war er noch recht benommen von der Narkose, also konnte nur ich mit dem Arzt reden, der mit sehr ernster Miene zu mir sagte: „Es ist ein Wunder, dass ihr Mann überhaupt noch laufen konnte. Der Schaden am Wirbel war so groß, dass er schon längst querschnittsgelähmt hätte sein müssen." Er erklärte mir, dass er eine Titanplatte als Brücke an dem zerfressenen Wirbel eingesetzt hatte, um die Wirbelsäule zu stabilisieren. Der Arzt ging davon aus, dass Thomas allerdings nicht mehr laufen geschweige denn noch lange leben würde. Diese Information hätte mich in Panik versetzen können, doch erstaunlicherweise war ich stattdessen aufgrund der Bibelstelle, die Gott mir gezeigt hatte, von einem tiefen Frieden erfüllt, dass Thomas wieder laufen würde.

Nach drei Tagen waren die Schmerzen noch immer unerträglich. Zudem konnte Thomas seine Beine nicht bewegen, doch er musste sich noch bis zur nächsten Arztvisite gedulden, um Informationen zu bekommen. Der Arzt selbst schien auch nicht weniger besorgt zu sein, er tröstete uns aber damit, dass die Lähmung eventuell von der Schwellung kam und nur vorübergehend war. Also blieb uns nichts übrig, als zu hoffen und zu warten.

Das Wochenende kam und es war noch keine Besserung eingetreten, außer dass die Schmerzen etwas nachgelassen hatten. Er sollte sich auf keinen Fall hinsetzen oder sich zur Seite drehen, damit die Wunde gut verheilen konnte. Die Situation war für ihn einfach furchtbar. Aber später erzählte er mir, dass er von Gottes Gegenwart und Nähe buchstäblich überwältigt und von seinem Frieden erfasst war. In dieser Phase der Schwachheit und Hilflosigkeit musste er nicht einmal darum bitten – sein himmlischer Vater war an seiner Seite und ließ ihn wissen, dass er sich um ihn kümmerte.

Am nächsten Tag sollte Thomas dann zur Bestrahlung auf eine andere Station gebracht werden. Mehr als diese Behandlung und einige Besuche eines Physiotherapeuten konnten ihm die Ärzte nicht anbieten, ansonsten ließen sie ihn im Ungewissen, wie es weitergehen würde. Ab und zu kümmerten sich die Krankenschwestern um seine Schmerzen und um die Übelkeit, die durch die Bestrahlung verursacht wurde. Bald wurde uns klar, dass ich mich bezüglich der bestmöglichen Versorgung und Behandlung des Zustandes seiner Beine selbst schlaumachen musste.

Ein Therapeut, den wir kannten und der zufälligerweise auch in dieser Klinik arbeitete, Markus*, bot an, Thomas zu besuchen und ihn sich näher anzusehen. Er stellte einen Gymnastikplan für seine Genesung auf und versuchte alles, um zu helfen. Das Wichtigste war, dass die Beinmuskulatur aktiv blieb, also brachte Markus ein Bettfahrrad, mit dem Thomas trainieren sollte, und er zeigte mir ein paar Übungen und Massagetechniken, die ich täglich mit meinem Mann durchführen konnte. Markus trieb außerdem ein elektrisches Bettgerät auf, auf das wir Thomas täglich legen mussten. Dieses Gerät wurde dann schräg bis aufrecht gekippt, wobei ihm erst mal schlecht wurde, da er zwei Wochen nur in der Horizontalen gelegen hatte. Sehr langsam machte er Forschritte in der Bewegung von Beinen und Füßen, was uns ermutigte, nicht lockerzulassen und mehrmals täglich zu üben.

Von dem behandelnden Arzt hatten wir in der Zwischenzeit gar nichts mehr gesehen. Nach dem, was er uns zuletzt gesagt hatte, hätte Thomas nach wie vor bewegungslos im Bett liegen müssen. Nach unzähligen Anrufen und großer Mühe schaffte ich es irgendwann endlich, den Arzt zu erreichen und ihn um eine neue Analyse der Lage zu bitten. Tatsächlich tauchte er

* Name geändert

schließlich in Thomas' Zimmer auf und war ganz überrascht über die Entwicklung seines Zustands. Er sagte, die Operationswunde am Rücken verheile hervorragend, und Thomas könne jetzt versuchen, sich zum Essen aufzusetzen. Ich glaube, der Arzt hatte nicht viel Hoffnung, dass Thomas jemals wieder würde gehen können, aber er sagte nichts weiter dazu. Nach diesem Besuch sahen wir ihn nie wieder.

Ich kümmerte mich darum, dass Thomas eine ausgewogene Ernährung mit zusätzlichen Vitaminen und Mineralien erhielt. Sein Körper war schon mit so vielen Schmerzmitteln vollgepumpt und hatte dazu noch die regelmäßigen Bestrahlungen über sich ergehen lassen müssen, dass es wichtig war, sein Immunsystem wieder zu stärken, und bekanntlich bietet „Krankenhausessen" kaum eine ausgewogene Diät.

Ich fuhr also jeden Tag mit der U-Bahn in die Klinik, um Thomas frisch gepresste Säfte, gesundes Essen und frische Kleidung zu bringen. Einige Freunde von uns boten mir öfter mal ihr Auto an, um es mir ein wenig leichter zu machen, was ich sehr zu schätzen wusste. Die meisten Nachmittage und Abende verbrachte ich bei Thomas im Krankenhaus. Ich massierte seine Beine und seinen Rücken, machte Gymnastikübungen mit ihm, schnitt ihm seine Haare und wusch ihn regelmäßig.

Es gab keine Garantie dafür, dass er je wieder laufen würde, also mussten wir uns Tag für Tag im Glauben üben. Ich hätte jeden Abend weinend nach Hause fahren können, voller Furcht davor, was die Zukunft bringen würde, aber irgendwie schenkte Gott mir in seiner Gnade jeden Tag neue Kraft. Täglich lasen wir gemeinsam in der Bibel. Es waren schöne Momente zu zweit.

Nie hatte ich Thomas so schwach und so hilflos erlebt wie in dieser Zeit. Er war immer der fröhliche und gesunde Typ gewesen, der für alle anderen stark war und sie ermutigte. Jetzt konnte er sein Bett nicht verlassen. Dennoch hielt er an seinem Wunsch, Menschen von Gott zu erzählen, fest. Er hatte mit den Krankenschwestern viele Gespräche über seinen Glauben. Und ein Patient, der eine Zeit lang das Zimmer mit ihm teilte, betete sogar mit Thomas und nahm Jesus Christus als seinen Herrn an. Ab und zu sangen die Mädchen für ihn, was die anderen Patienten und Krankenschwestern immer genossen. Es war, als lebten wir in einer ganz anderen Welt.

Eines Tages kam ich in das Krankenzimmer meines Mannes und fand ihn weinend vor. Auf seinen Beinen lag seine aufgeschlagene Bibel. Natürlich war ich zunächst einmal etwas verunsichert, aber dann erklärte er mir, was für ein bewegendes Erlebnis er kurz zuvor gehabt hatte, als er in der Bibel gelesen hatte. Petrus, der Apostel, der mit Jesus gelebt und gelitten hatte, schreibt, dass wir dank Gottes großer Gnade ein neues Leben haben, eine lebendige Hoffnung durch die Auferstehung Jesu Christi und ein ewiges Erbe, das für uns im Himmel reserviert ist. Thomas las mir schließlich die folgenden Verse vor:

„Deshalb seid ihr voll Freude, auch wenn ihr jetzt – wenn Gott es so will – für kurze Zeit leiden müsst und auf die verschiedensten Proben gestellt werdet. Das geschieht nur, damit euer Glaube sich bewähren kann, als festes Vertrauen auf das, was Gott euch geschenkt und noch versprochen hat. Wie das vergängliche Gold im Feuer auf seine Echtheit geprüft

wird, so wird euer Glaube, der viel kostbarer ist als Gold, im Feuer des Leidens geprüft. Wenn er sich als echt erweist, wird Gott euch mit Ehre und Herrlichkeit belohnen an dem Tag, an dem Jesus Christus sich in seiner Herrlichkeit offenbart. Ihn liebt ihr, obwohl ihr ihn nie gesehen habt. Auf ihn setzt ihr euer Vertrauen, obwohl ihr ihn jetzt noch nicht sehen könnt. Und darum jubelt ihr mit unaussprechlicher und herrlicher Freude. Denn ihr wisst, dass euer Vertrauen, euer Glaube, euch die endgültige Rettung bringen wird.“
1. Petrus 1,6–9; GN

Thomas erlebte, wie Gott ihn mit diesen Versen direkt ansprach, um ihm den Sinn seines Leidens zu erklären. Er war überwältigt davon, dass Gott ihn als würdig erachtete, seinen Glauben durch das Feuer des Leidens zu prüfen, und dass dies Auswirkungen auf sein Leben hatte, die wertvoller waren als Gold. Er hatte einen kleinen Blick auf die Herrlichkeit Gottes werfen dürfen und ein tieferes Verständnis seines ewigen Plans bekommen, der jegliches Leid, dass wir auf dieser Erde durchstehen müssen, bei weitem übertrifft. Diese Erkenntnis hatte ihn zu Tränen gerührt.

*

Während die Wochen verstrichen, wurden wir Zeugen eines steten Heilungsprozesses. In der vierten Woche fing Thomas langsam an, seine Beine zu bewegen. Nun bekam er zur weiteren Gymnastiktherapie Beinstützen mit Luftpolstern vom Krankenhaus, die ihn, wenn er mit der Hilfe von zwei Männern an seiner Seite ging, zusätzlich stützen sollten. Zum Erstaunen der Ärzte und Pfleger lief er gegen Ende der fünften Woche schon ohne fremde Hilfe mit Krücken den Flur der Station entlang. Er musste sich dabei hundertprozentig konzentrieren, um auch nur einen Schritt zustande zu bringen. Er war jedoch hochmotiviert und ließ beim Üben nicht locker. Die Ärzte schlugen vor, dass er für eine intensivere Therapie direkt in eine Rehabilitationsklinik gebracht würde.

Bevor die Therapie anfangen sollte, wollte Thomas jedoch unbedingt für zwei Tage nach Hause.

Es war ein Fest für unsere Familie, als ich mit ihm zu Hause eintraf. Er mühte sich sichtlich ab, als er an seinen Krücken ins Wohnzimmer kam. Zu unser aller Verwunderung steuerte er jedoch sofort auf die Treppen zu und schleppte sich in den zweiten Stock hinauf, um direkt in unserem Schlafzimmer zu verschwinden. Als die Zeit fürs Abendessen gekommen war, ließ er es sich auch nicht nehmen, wieder herunterzukommen und sich mit uns an den Tisch zu setzen. Am nächsten Tag hatten wir ein paar von Thomas' Freunden zu einem „Dankesfest" eingeladen. Wir wollten Gott für Thomas' Genesung danken, gleichzeitig aber auch für die finanzielle Unterstützung, die wir in der Krankenhauszeit empfangen hatten.

Und dann ging es für sechs Wochen ab in die Rehabilitationsklinik. Nach seinem normalen „Programm", das er dort zu absolvieren hatte, ging er jeden Tag ins Treppenhaus, um dort die Stufen hinauf- und hinabzusteigen. Dank seines intensiven Trainings konnte er innerhalb kürzester Zeit schon ohne Krücken gehen, und so wurde er in der Klinik schnell als der „Wunderpatient" bekannt. Er hatte ein Ziel vor Augen: Er wollte so schnell wie möglich wieder nach Hause kommen.

Die Mädchen und ich vermissten ihn natürlich sehr. Wir besuchten ihn an den Wochenenden und freuten uns unendlich, als er nach sechs Wochen endlich wieder zurückkam. Freitags kam er nach Hause, und ich rechnete damit, dass er sich nun erst noch eine Weile ausruhen würde, doch am Montag darauf ging er schon wieder zur Arbeit. Von da an arbeitete er meistens sechs Tage in der Woche, um Liegengebliebenes aufzuholen. Er wollte zurück ins normale Leben und er wollte wieder der starke Papa sein. Von Mitleid wollte er nichts wissen. Als Resultat seiner fleißigen Arbeit bekam er von seiner Firma am Ende des Jahres sogar einen dicken Bonus, weil er in dem Jahr die meisten Erfolge zu verbuchen hatte, und das, obwohl er drei Monate nicht da gewesen war.

16

Nicht eine Woche ist in meinem Leben vergangen, ohne dass es zu Hause Musik gegeben hätte. Nachdem wir uns bekehrt hatten, wollte Thomas dass die „neue“ Musik, die er machte, Gott verherrlichte. Abends, wenn wir in unserem Tipi ums Feuer gesessen hatten, hatte er für unser Baby Naomi und mich öfter ein Lied gesungen, das er zu den Worten aus Psalm 40,2–4 geschrieben hatte:

„Beharrlich habe ich auf den Herrn geharrt, und er hat sich zu mir geneigt und mein Schreien gehört. Er hat mich heraufgeholt aus der Grube des Verderbens, aus Schlick und Schlamm; und er hat meine Füße auf Felsen gestellt, meine Schritte fest gemacht. Und in meinen Mund hat er ein neues Lied gelegt, einen Lobgesang auf unseren Gott. Viele werden es sehen und sich fürchten und auf den Herrn vertrauen.“

Musik war für uns nicht nur ein Hobby oder bloße Unterhaltung. Sie war Teil unseres Alltags, und unsere Töchter wuchsen von Geburt an damit auf. Musik war bei uns immer so selbstverständlich wie essen und schlafen. Thomas pflegte zu sagen: „Wir üben schon einmal für den Himmel; dort wird es viel Lobpreis geben."

Singt miteinander Psalmen, und lobt den Herrn mit Liedern, wie sie euch sein Geist schenkt. Singt und jubelt aus vollem Herzen.
Eph. 5,19; Hfa

Durch solche Lieder bzw. Schriftstellen wurde auch unser Verständnis von Gott und seinem Willen geprägt.

In den Jahren von 1997 bis 1998 bewegten sich alle Mädchen in der Musik- und Tanzbranche. Esther studierte Tanz in Mailand und zog anschließend nach London, um Tanz-Castings besuchen zu können. Naomi, die bereits seit 1990 mit ihrer Band zahlreiche Konzerte gab, bekam darüber hinaus die Chance, der Hauptperson des Disney-Zeichentrickfilms „Arielle, die Meerjungfrau" ihre Stimme für den deutschen Gesang zu leihen. Außerdem konnte sie auf vielen christlichen Lobpreis-CDs mitwirken.

Debby spielte kleinere Rollen in Filmen, TV-Serien und Werbespots, sang und tanzte ein Jahr lang in einer Teenie-Mädchenband, und schließlich wurde ihr die Hauptrolle für ein neues Musical, „Just One World", angeboten. Debby und ich zogen in dieser Zeit (1997) extra deswegen zu zweit nach Aachen. Es war eine intensive Zeit, die Debby großen Spaß machte, und die ganze Familie, inklusive Omi Nadja, die ebenfalls zur Premiere angereist kam, war von Debby und der Show hellauf begeistert. Nach fünf Monaten kamen wir wieder nach München und nur wenige Wochen später fing sie an, als zweite Hauptbesetzung die Rolle der „Annie" in dem gleichnamigen Musical zu singen.

Lizzy, die eine Ausbildung in den Bereichen Modern Dance und Hip-Hop hinter sich hatte, war zunehmend an der Businessseite der Showbranche interessiert und bewarb sich an der neuen Universität von Paul McCartney in Liverpool. Sie wurde zu einem Vorstellungsgespräch eingeladen und bekam eine sehr positive Resonanz, doch der Direktor schlug vor, dass sie angesichts ihres jungen Alters (sie war damals 19) noch ein Jahr im Managementbereich Erfahrungen sammeln und sich im darauf folgenden Jahr noch einmal bewerben sollte. Zuerst war das für sie natürlich enttäuschend, doch beim zweiten Anlauf bekam sie einen der begehrten Plätze an der Schule für Enterprise Management.

Miriam hatte während der vielen Jahre, in denen sie getanzt (Ballett und Modern Dance) und einige Fernsehrollen übernommen hatte, ein starkes Interesse für die Schauspielerei entwickelt. Sie machte sich daher auf die Suche nach einer Theaterausbildungsmöglichkeit in England, was nicht auf Anhieb klappte, weil viele der Schulen schon voll waren. Ein Jahr später bekam sie schließlich einen Platz an einer Schauspielschule in London. In der Zwischenzeit hatte sie in München gearbeitet, um dafür Geld zu sparen. Im selben Jahr wie Lizzy zog sie dann für ihre Ausbildung nach London.

Im Herbst 1998 lebten nun also drei unserer Töchter in England und Naomi wohnte in einer eigenen Wohnung in München. Zum Abendessen saßen nur noch Thomas,

Debby und ich am Esstisch. Debby war jetzt zwölf Jahre alt, besuchte das Gymnasium, schrieb ständig neue Songs am Klavier und arbeitete mit zwei Produzenten an Demos, mit denen wir, wie zuvor auch schon mit Naomi, zu Plattenfirmen gingen.

*

Im Winter 98/99 verschlechterte sich Thomas' Gesundheitszustand wieder rapide. Die Rückenschmerzen waren wieder sehr stark geworden und so ließ er sich erneut untersuchen. Der Nierenkrebs hatte sich wieder ausgebreitet und an seiner Wirbelsäule waren neue Metastasen aufgetaucht. Die einzige Möglichkeit war die Bestrahlungstherapie. Er arbeitete aus finanziellen Gründen jedoch weiter fünf Tage die Woche, und so fuhr ich ihn zweimal in der Woche zur Bestrahlung und von da aus zur Arbeit oder zum Flughafen (Thomas war zu der Zeit im Auftrag des Business Centers einmal pro Woche in Düsseldorf, um dort an einem Projekt zu arbeiten). Jedes Mal, wenn er abends wieder zu Hause ankam, war er mit seinen Kräften am Ende und von Schmerzen geplagt. Die Nebenwirkungen der Bestrahlung – wie zum Beispiel die ständige Übelkeit – zehrten an ihm. Darüber hinaus geschah es immer wieder, dass er beim Reisen stürzte oder stolperte, was für ihn natürlich überaus demütigend und frustrierend war, denn wieder aufzustehen war ein absoluter Kraftakt für seinen Körper und seine schwachen Beine.

Dieses Mal sagte ich zum Herrn, dass ich fasten würde, bis er meinen Mann heilte. Jede Nacht, wenn er schlief, legte ich meine Hand auf ihn und betete für seine Gesundheit und dafür, dass Gott ihn uns erhalten möge.

Thomas musste sich morgens immer zwingen, aufzustehen und zur Arbeit zu gehen. Oft schrieb er mir kleine Liebesbriefe oder Botschaften, die er dann an meinen Spiegel im Bad klebte. Später wurden daraus kleine Reime und Gedichte. Seine Ausdauer und Motivation im Angesicht des Leids waren außergewöhnlich.

Ich litt mit ihm und bat ihn immer wieder, sich doch endlich einmal zu schonen, doch darauf reagierte er immer nur ärgerlich. Er wollte auf keinen Fall eine Pause einlegen. Da er in seiner Position im Business-Center selbstständig war, gab es ja keine Einkünfte, wenn er krank war.

Im März 1999, in der Woche von Thomas 47. Geburtstag, hatte ich das Gefühl, dass der Herr mir sagte, ich solle jetzt nach drei Wochen mit dem Fasten aufhören. Die Mädchen und ich organisierten eine Überraschungsparty für Thomas. Seine Mutter kam aus Berlin, Esther aus London und einige Freunde aus der Gemeinde waren eingeladen. Es wurde ein sehr schöner Abend. Doch irgendwie hatte ich das Gefühl, dass Thomas ahnte, dass er uns bald verlassen würde.

Auch ich spürte immer wieder, wie der Heilige Geist hier und da auf sanfte Weise zu mir sprach, um mich auf Thomas' Tod vorzubereiten. Als wir zum Beispiel unterwegs waren, um einen Wintermantel für Thomas zu kaufen, streifte mich der Gedanke, dass er möglicherweise nicht mehr lange zu leben hatte und diesen Mantel eigentlich gar nicht mehr brauchte.

Eines Nachts hatte ich einen Traum oder eine Vision – ich weiß nicht, was von beidem es war. Ich befand mich dabei auf einer großen Veranstaltung. Wir feierten ein großes Fest in der Paul-Gerhardt-Kirche in München mit Musik, Lobpreistanz und Bannern, weil Thomas endlich nach Hause in den Himmel zu Jesus gegangen war und seinen schwachen vergänglichen Körper hinter sich gelassen hatte. Ich erzählte niemandem davon und hoffte, dass das, was ich gesehen hatte, noch weit, weit weg war.

*

Thomas' Schmerzen steigerten sich wieder ins Unerträgliche und seine Beine wurden immer schwächer. Die Ärzte verschrieben ihm Kortison, um die Schwellung an seiner Wirbelsäule zurückzudrängen und ihm das Laufen leichter zu machen. Die Monate vergingen und er hielt sich mit Kortison und Morphium auf den Beinen. Ich weiß noch, wie er nach einem Arztbesuch nach Hause kam, sich zu mir und Naomi an den Tisch setzte und erzählte, dass man abgesehen von einer Interferon-Behandlung* nichts mehr für ihn tun könne. „Jetzt kann mich nur noch ein Wunder retten", sagte er zu uns.

Von dieser Zeit an zog er sich von mir und den Kindern innerlich immer weiter zurück. Er schien seine letzten mentalen und körperlichen Reserven ausschließlich für die Arbeit zu brauchen, die er der Versorgung seiner Familie wegen nicht aufgeben wollte. Er litt unendlich – nicht nur an den Schmerzen, sondern auch an der Ungewissheit, was die Zukunft bringen würde. Einmal sagte

* eine starke Schocktherapie für das Immunsystem

er zu mir: „Es kann doch nicht sein, dass Gott mich aus dem Pazifik rettet, aber mich dann in Deutschland an Krebs sterben lässt."

Eines Nachts fing ich im Bett aus Verzweiflung an zu weinen. Thomas tröstete mich und sagte: „Jeder erlebt manchmal Schmerzen und Trübsal in diesem Leben. Wir sind nun mit fast 27 Jahren einer glücklichen Ehe und fünf gesunden Töchtern gesegnet worden. Es gibt so viel, wofür wir dankbar sein müssen. Wir müssen einfach Gott vertrauen, denn er ist treu und lässt uns nicht im Stich."

*

Der Juli 1999 rückte näher und wir waren alle auf die eine oder andere Art in den Vorbereitungen für zwei Hochzeiten eingespannt. Esther hatte in England einen jungen Mann kennengelernt und sich in ihn verliebt. Er ist einer von sechs Kindern eines Pastoren aus Jamaica und ein Gospelsänger. Naomis Verlobter kam aus Frankfurt. Er wiederum arbeitet für Film und Fernsehen und ist der Älteste von vier Kindern und sein Vater ist Gemeindeleiter einer Gemeinde in Frankfurt.

Esthers Hochzeit sollte in England stattfinden. Auch meine Mutter aus Kalifornien und Omi Nadja aus Berlin reisten zur Hochzeit – der ersten in unserer Familie – nach London an. Wir freuten uns alle auf dieses Fest, doch der Spaß und die Freude waren getrübt, denn Thomas ging es sehr schlecht und er konnte kaum noch laufen. Er wies jegliche Hilfe ab, was es uns noch schwerer machte, weil er versuchte, so zu tun, als sei bei ihm alles okay.

Die Zeremonie fand in einem bezaubernden Hotel auf dem Land außerhalb von London statt. Es war wunderschön. Ich habe noch die Serviette, auf die Thomas die Notizen für seine Rede gekritzelt hatte. Ich erinnere ich mich noch daran, wie viel Anstrengung er aufbringen musste, um dabei stehen und gleichzeitig reden zu können.

Drei Wochen später fand dann Naomis Hochzeit in München statt. Die Trauung mit anschließendem Sektempfang fand in der Paul-Gerhardt-Kirche statt, wo Thomas als Gastprediger schon zahlreiche Gottesdienste abgehalten hatte. Thomas konnte mittlerweile nur noch mit einer Krücke laufen, legte sie aber ein letztes Mal ab, um seine Tochter vor den Altar zu führen.

Die Trauung war mit vielen musikalischen Highlights angefüllt, aber am Schönsten war es für uns, als Thomas ein Querflötensolo spielte. Er schaffte es tatsächlich, den ganzen Tag durchzuhalten, und abends holte er mich sogar für einen kurzen Walzer auf die Tanzfläche.

*

Zwei Wochen nach der Hochzeit saßen wir mit Debby in einem Flieger in die Türkei. Ein Arbeitskollege von Thomas hatte uns eingeladen, ihn zu einem einwöchigen Urlaub dorthin zu begleiten. Thomas hoffte, dass ihm die Pause guttun würde, sodass er sich letztendlich dafür entschied, die Einladung anzunehmen. Ich hingegen machte mir sehr große Sorgen, ob das Ganze für meinen kranken Mann nicht doch zu viel werden würde. Durch das Interferon, das er mittlerweile zweimal die Woche bekam, fühlte er sich noch elender als zuvor.

Debby und ich genossen ein paar schöne Tage am Strand – allerdings ohne Thomas. Sogar mit seinem Stock konnte er kaum noch laufen. An einem Nachmittag machten wir gemeinsam eine Bootsfahrt, weil er da ja nur sitzen musste. Er genoss die Ruhe an Deck, von der Brise und dem blauen Meer umgeben.

Am nächsten Tag lag Debby mit furchtbaren Magen-Darm-Problemen im Bett. Als es ihr am Tag darauf noch immer nicht besser ging, machte sich Thomas auf den Weg zur Apotheke, um Medizin zu kaufen. Dabei musste er in der heißen Sonne querfeldein laufen. Als er zurückkam, bekam ich einen Riesenschrecken. Sein Gesicht und seine Füße waren ganz geschwollen und er war von der Anstrengung von Kopf bis Fuß völlig durchnässt. „Für jeden Schritt musste ich zu Gott beten, sonst wäre ich zusammengebrochen“, keuchte er.

Am nächsten Nachmittag fühlte sich Debby wieder besser, sodass wir für ein paar Stunden an den Strand gehen konnten, denn am nächsten Tag sollten wir schon wieder abreisen. Thomas blieb in der Zeit auf dem Zimmer. Vor dem Abendessen erzählte er mir, dass er stundenlang geweint und buchstäblich zum Herrn geschrien und ihn angefleht hatte, ihn zu heilen und ihm Kraft zu geben. Es war also gut, dass er diese Zeit alleine mit Gott hatte haben können.

Als wir nach dem Abendessen in unser Hotelzimmer kamen, stand Thomas im Bad und klammerte sich krampfhaft am Waschbecken fest. Er war nass geschwitzt und seine Augen waren vor Angst weit aufgerissen. Er war völlig verwirrt und sagte nur: „Ich kann nicht laufen."

Als ich meinen ersten Schock überwunden hatte, beruhigte ich ihn und half ihm, zum Bett hinüberzugelangen. Ganz langsam und mit höchster Konzentration gelang ihm dies dann auch und er fiel erleichtert ins Bett.

In unserer letzten Nacht in der Türkei stand ich auf dem Balkon und blickte in den Himmel hinauf. In diesem Moment sah ich zum allerersten Mal in meinem Leben eine Sternschnuppe.

Ich hatte das Gefühl, dass Gott mir sagen wollte, dass ich nicht alleine war und dass trotz der hoffnungslosen Umstände alles in Ordnung sein würde. Er gab mir Hoffnung und ich war dankbar für seine Nähe. Wie durch ein Wunder wachte Thomas am nächsten Morgen einigermaßen erholt auf.

*

Es war Freitag, als wir in München ankamen, und am darauffolgenden Montag sollte es für Thomas wieder zur Arbeit gehen.

Den Samstag verbrachte er damit, alle fälligen Rechnungen zu sortieren und mir eine Liste zu machen von Dingen, die erledigt werden mussten. Er war nur noch ein Schatten seiner selbst, und so rief ich die Mädchen an und bat sie alle zu beten. Abends schaffte er es nicht einmal mehr die Treppe hoch, also beschloss er, auf der Couch zu schlafen. Ich brachte ihm noch seine beiden alten Krücken von seinem letzten Krankenhausaufenthalt, damit er es mit ihrer Hilfe ins Bad schaffen konnte, wenn es nötig war. Widerstrebend ging ich dann allein ins Bett.

Nachts wurde ich plötzlich von einem knallenden Geräusch geweckt. Thomas haute mit einer der Krücken gegen den Tisch, um meine Aufmerksamkeit zu erlangen. Ich lief sofort nach unten. Er brauchte Hilfe, denn er konnte nicht einmal mehr allein aufstehen. Irgendwie schaffte ich es, ihm aufzuhelfen, damit er ins Bad gehen konnte.

Als er anschließend wieder auf dem Sofa lag, legte ich mich auf die gegenüberliegende Couch, um ihn nicht wieder alleinzulassen. Er versuchte zu schlafen, doch er war sehr unruhig, also setzte ich mich schließlich auf, zündete eine Kerze an und begann, ihm aus der Bibel vorzulesen. Das schien ihn tatsächlich zu beruhigen, und gerade als ich dachte, er wäre eingeschlafen, sagte er plötzlich: „Lass uns das Abendmahl abhalten."

Es war ein besonderer Moment, als wir aus dem Becher tranken und das Brot teilten, wie wir es schon so oft zuvor gemeinsam getan hatten.

Anschließend beteten wir. Ich hatte eben noch die Geschichte vorgelesen, wie Gott mit Abraham einen Bund geschlossen hatte. Nun betete Thomas: „Herr Jesus, ich erinnere dich an den Bund, den du mit uns geschlossen hast, und an Kristine und meine Hingabe und Verpflichtung an dich."

*

Als er einige Stunden später aufwachte, hatte Thomas Schmerzen in seinen Armen. Sofort rief ich einen seiner Ärzte an, doch der sagte lediglich, ich solle ihm mehr Schmerzmittel geben.

Ich fand eine Lobpreis-CD, die Thomas mir ein Jahr zuvor geschenkt hatte, und legte sie ein. Auf der Hülle klebte eine Notiz von ihm: „Songs für die Seele.“

Ein Lied schenkte ihm besonderen Trost. Darin hieß es: „Dein Ruf kommt wie die Morgenbrise. Du breitest deine Flügel über mir aus und bedeckst mich. Unter deinem Schatten verstecke ich mich. Zuflucht, du bist meine Zuflucht. Wenn die Erde erschüttert wird und nichts mehr steht, halte ich mich an deiner Hand fest.“*

Der Anblick ihres hilflosen Vaters machte Lizzy, die gerade bei uns ihre Semesterferien verbrachte, und Debby große Angst. Ab und zu sagte er unzusammenhängende Sätze, die zunächst einmal keinen Sinn ergaben, uns aber im Nachhinein eine große Hilfe waren, als wir uns an jedes seiner „wirren“ Worte erinnerten. Er sagte Dinge wie: „Stellt einen Plan auf. Tut alles in Ruhe. Beginnt mit dem ersten Schritt. Haltet euch an die Spielregeln ...“

Es war schon Nacht, als er plötzlich begann, stoßweise auszuatmen, als versuchte er, all seine Kräfte zu sammeln. Ich dachte, er hätte vielleicht Atemnot, und versuchte, ihn in eine aufrechte Position zu bringen und ihn zu beruhigen, doch er schien die Kontrolle zu verlieren und seine Atmung wurde immer schneller. Sofort lief ich zum Telefon und rief den Notarzt, während Lizzy bei ihm blieb. Innerhalb weniger Minuten war der Krankenwagen vor der Tür und zwei Ärzte stürmten mit ihrer Ausrüstung ins Wohnzimmer.

Von da an ging alles sehr schnell. Während die Ärzte Thomas eine Sauerstoffmaske anlegten und hektisch an

*Übertragung des Titels „Refuge“ von Darrell Evans

ihm herumhantierten, standen wir daneben und beteten laut. Als sie Thomas versorgt hatten und er langsam ruhiger wurde, hob einer der Ärzte seine Lider, um seine Augen zu sehen. Daraufhin wandte er sich mir zu und sagte mit ernster Stimme: „Dieser Mann ist todkrank."

Sie beförderten ihn auf eine fahrbare Trage und rollten ihn in den Krankenwagen. Sie ließen mich nicht mitkommen, also fuhr ich mit meinen Töchtern hinterher.

Kurz nach unserer Ankunft in der Klinik kamen die Ärzte zu uns und teilten uns mit, dass sie nichts mehr für ihn hatten tun können; er sei gestorben ...

*

Die Nachricht von Thomas' Tod war ein Schock. Wir konnten nicht glauben, dass dies tatsächlich das Ende war. Wir wurden in einen Raum geführt, in dem Thomas neben lauter Maschinen auf einem Tisch lag. Wir fingen an, zu Gott zu singen und zu beten. Die Ärzte waren über unsere Reaktion sehr verwundert, aber als sie merkten, dass wir noch etwas Zeit mit ihm brauchten, brachten sie uns in einen anderen kleineren Raum, wo wir ungestört waren.

Schließlich kam ein Arzt herein, um mit mir zu sprechen. Er fragte mich nach der Entwicklung von Thomas' Krankheit. Er schien besonders daran interessiert zu sein, dass Thomas noch so viele Jahre gelebt hatte, nachdem der Nierenkrebs das erste Mal diagnostiziert worden war. Während ich mit dem Arzt sprach, wurde mir bewusst, dass dies ein Wendepunkt in meinem Leben war. Ich verstand, dass es jetzt in diesem Augenblick an mir lag, diesem Mann von unserem Glauben an Jesus Christus zu erzählen. In der Vergangenheit hatte mein Mann das immer getan. Ich hörte mich den Arzt geradeheraus fragen, ob er an Gott glaubte.

Natürlich stand ich in diesem Moment irgendwie neben mir, aber ich wusste, dass es keine Zeit zu verlieren gab, das Evangelium zu predigen.

17

In den letzten Minuten meines Mannes auf dieser Erde, bevor er begonnen hatte, so heftig auszuatmen, hatte Thomas noch einige Worte gesagt, die für uns alle klar und deutlich und sogar erstaunlich laut zu hören gewesen waren: „Dies ist die letzte Runde, es ist alles vorbei, alles vorbei. Glory, Halleluja!" Damals realisierte ich nicht, was da gerade passierte, doch später erinnerte ich mich an Paulus' Worte, die er kurz vor seinem eigenen Tod an Timotheus geschrieben hat:

„Ich habe den guten Kampf gekämpft, ich habe den Lauf vollendet, ich habe den Glauben bewahrt; fortan liegt mir bereit der Siegeskranz der Gerechtigkeit, den der Herr, der gerechte Richter, mir als Belohnung geben wird an jenem Tag; nicht allein aber mir, sondern auch allen, die sein Erscheinen lieb gewonnen haben."
2. Timotheus 4,7–8

Paulus wusste, dass er bald sterben würde, deshalb ermahnte er Timotheus:

„Denn es wird eine Zeit sein, da sie die gesunde Lehre nicht ertragen, sondern nach ihren eigenen Begierden sich selbst Lehrer aufhäufen werden, weil es ihnen in den Ohren kitzelt; und sie werden die Ohren von der Wahrheit abkehren und sich zu den Fabeln hinwenden. Du aber sei nüchtern in allem, ertrage Leid, tu das Werk eines Evangelisten, vollbringe deinen Dienst! Denn ich werde schon als Trankopfer gesprengt, und die Zeit meines Abscheidens steht bevor."
2. Timotheus 4,3–6

Paulus' Worte waren so passend. Thomas hatte gelitten und war doch bis zum Ende ein treuer Knecht geblieben und hatte „den Glauben bewahrt". Aber auch für mich und meine Töchter war diese Schriftstelle von großer Bedeutung, denn es war, als würde Gott auch uns nun nach Thomas' Abscheiden die Anweisungen geben, Leid zu ertragen und das Werk eines Evangelisten zu tun. Es war ein starker Trost und auch eine Ermutigung, nicht den Kopf in den Sand zu stecken. Wir wollten nach dem Vorbild von Thomas nun selbst auch bis zum Ende treu bleiben.

*

Innerhalb von anderthalb Tagen waren alle unsere Töchter nach Hause gekommen. Auch Nadja aus Berlin. Ich sehe uns noch vor mir, wie wir im Wohnzimmer, dort, wo Thomas noch wenige Tage zuvor gelegen hatte, auf unseren Knien saßen. Wir flehten den Herrn an, dass er uns führen möge. Wir verbrachten buchstäblich Stunden im Gebet, mit Singen und mit Bibellesen. Alle hatten sich für eine Woche in unserem Haus einquartiert. Jeden Abend fanden wir uns im Wohnzimmer zusammen, um Gottes Nähe zu suchen. Das erinnerte mich an die Jünger und Freunde Jesu, die sich nach seinem Tod alle in ein Haus zurückgezogen hatten. Auch sie waren schockiert und verwirrt gewesen über die Realität von Jesu Tod. Sie hatten keine Ahnung, dass er wieder auferstehen würde. Wir hingegen durften dank der Verheißungen der Bibel wissen, dass Thomas nicht tot war, sondern nur seinen vergänglichen Körper verlassen hatte.

Wir bekamen in dieser Woche ein ganz neues Verständnis von dem Wort Gottes. Man kann sagen, dass Thomas' Tod und die Wochen, die folgten, jeden von uns für immer veränderten und unseren Entschluss, Jesus hundertprozentig nachzufolgen, quasi besiegelten.

Normalerweise ist es im Alltag schwer, einen Bezug zu Gottes ewigem Königreich zu finden, und man fürchtet sich besonders vor tragischen Ereignissen oder dem Tod. In dieser Zeit aber war es plötzlich umgekehrt und wir hatten kaum einen Bezug zur „normalen" Welt. Die geistliche Welt, Gott und seine Engel, Satan und sein Gefolge – das alles war im Moment viel realer für uns. Auch verbrachten wir in dieser Phase viel Zeit damit, uns an Erlebnisse mit Thomas zu erinnern, an Dinge, die er gesagt hatte, und wir mussten auch viel lachen, denn gerade er hatte in den ernstesten Situationen immer großen Humor gehabt. Am Samstag vor seinem Tod hatte er, nachdem er sich mühevoll ins Bad geschleppt hatte, grinsend gesagt: „Ich bin jetzt bereit, ein Wettrennen mit den Schnecken im Garten zu veranstalten."

*

Ich hatte die Vision von der großen festlichen Versammlung nach Thomas' Tod nicht vergessen. Nun sollte sie Realität werden. Es sollte einen Dank- und Lobpreis-Gottesdienst geben. Die Beerdigung selbst würde erst zehn Tage nach seinem Tod stattfinden. Das gab vor allem meinen Angehörigen aus den USA genügend Zeit anzureisen, sodass auch sie Thomas die letzte Ehre erweisen konnten.

Ich rief eine Freundin an, deren Mann Pastor war, und bat sie um Hilfe für die Organisation eines Gottesdienstes. Sie veranlasste sofort alle nötigen Vorbereitungen. Auch wir als Familie machten uns Gedanken darüber, wie der Gottesdienst ablaufen sollte. Jeder von uns wollte etwas sagen, und wir baten Gott im Gebet darum, uns zu helfen, die passenden Worte zu wählen. Wir redeten auch darüber, ob wir wirklich Schwarz tragen wollten, wie es bei Trauerfeiern sonst üblich ist, doch keiner von uns verspürte Frieden beim Gedanken daran. Auch wenn wir in Trauer darüber waren, dass Thomas von uns gegangen war, so freuten wir uns für ihn, dass er von seinen Schmerzen befreit war, und vor allem, dass er jetzt zu Hause bei seinem himmlischen Vater sein durfte. Wir beschlossen also, dass wir bunte Farben oder Weiß tragen würden.

Als wir in der Paul-Gerhardt-Kirche ankamen, waren wir überwältigt zu sehen, dass mehrere Hundert Menschen gekommen waren. Wir wurden bereits von den örtlichen Pastoren erwartet. Sie führten uns zuallererst in die Sakristei. Dann erklärten sie mir, dass sie für unsere Familie eine Spende erheben wollten. Ich war überrascht und sagte, das sei nicht nötig, doch sie bestanden darauf. Das bewegte mich tief und zeigte mir ihre Liebe zu Thomas und was er ihnen bedeutet haben musste. Als ich im Anschluss an die Trauerfeier zu Hause die Schecks und das Geld zählte, war ich sprachlos, denn es war genau der Betrag zusammengekommen, den all die Rechnungen ausmachten, die Thomas mir aufgetragen hatte, noch zu bezahlen. Ohne diese Spende wäre das unmöglich gewesen.

Doch das war nur das Erste von unzähligen Erlebnissen in den folgenden Jahren, bei denen ich sehen konnte, dass Gott tatsächlich der Versorger der Witwen ist.

Die folgenden Verse habe ich mir auf eine Karte geschrieben und an meinen Spiegel im Bad geklebt:

„Der Herr behütet die Fremdlinge, Waisen und Witwen hilft er auf …“
Psalm 146,9

„… er legt fest die Grenze der Witwe.“
Sprüche 15,25

*

Einige Tage nach der Beerdigung traf mich die Realität, dass Thomas nun wirklich weg und ich mit 49 Jahren eine Witwe war, mitten ins Gesicht. Mir blieb nichts anderes übrig, als mich vor Gott, meinem Schöpfer, zu beugen und zu sagen: „Ich akzeptiere deinen Willen."

Als ich eines Tages, circa eine Woche nach der Beerdigung, alleine zu Hause war, lag ich ausgestreckt mit dem Gesicht nach unten auf dem Boden und flüsterte ähnliche Worte wie Hiob sie gesprochen hatte: „Herr, du hast mir meinen Mann gegeben und ihn nun von mir genommen. Ich vertraue dir." Dann spürte ich deutlich, wie er zu mir sprach und mir sagte, dass seine Hand immer auf mir sein und er mich niemals verlassen oder im Stich lassen würde.

Einige Monate später, als ich eines Nachts wach dalag und darüber nachdachte, warum der Herr meinen Mann und besten Freund von mir genommen hatte, schlug ich in meiner Bibel die folgende Stelle auf : „... um ihn und die Kraft seiner Auferstehung und die Gemeinschaft seiner Leiden zu erkennen, indem ich seinem Tod gleich werde ..." (Philipper 3,10).

Tief in meinem Herzen begann ich die Größe der Worte von Paulus zu verstehen: „Ja wirklich, ich halte auch alles für Verlust um der unübertrefflichen Größe der Erkenntnis Christi Jesu, meines Herrn, willen, um dessentwillen ich alles eingebüßt habe und es für Dreck halte, damit ich Christus gewinne und in ihm gefunden werde" (Philipper 3,8–9).

Oft, mitten in meiner Traurigkeit und wenn mir mein Herz mal wieder unerträglich schwer ist, erleuchtet der Herr mir buchstäblich die Schrift und spricht damit direkt zu mir: „Jetzt kennst du mich, denn du hast Anteil an meinem Leiden."

Was für ein Geschenk.

Meist denken wir bei Jesus im Zusammenhang mit seinem Leiden nur an seine Kreuzigung, doch er litt sein ganzes Leben hindurch: Er wurde weder von seinen Brüdern noch von den Priestern im Tempel, noch von seinem eigenen Volk akzeptiert. Er hatte kein bequemes Leben, kein Zuhause, keine Frau oder Kinder, er wurde verfolgt, von seinen eigenen Leuten verraten und starb mit gerade einmal 33 Jahren.

Ich habe erlebt, dass die „Kraft", dieses Leben zu überwinden, wie Jesus es getan hat, aus vollständiger Demut und der kompletten Aufgabe des eigenen Willens erwächst. Jesus beschreibt unser Leben auf dieser Welt so: „In der Welt habt ihr Bedrängnis; aber seid guten Mutes, ich habe die Welt überwunden" (Johannes 16,33).

Als ich eines Abends realisierte, dass ich mir abgewöhnt hatte, auf Thomas' Schritte zu warten, die ich immer gehört hatte, wenn er auf die Haustür zuging und dann die Haustüre aufschloss, musste ich daran denken, wie oft ich mich auf seine Rückkehr gefreut hatte. Ich spürte, wie der Herr zu mir sagte: „Auch diesen Schmerz kenne ich. Geduldig warte ich auf den Tag, an dem alle meine geliebten Kinder, die heilige Braut, nach Hause kommen." Wenn ich mich dabei ertappe, wie sehr ich Thomas vermisse, kann ich mir sagen: Er wartet auf mich. Was für ein Tag des Jubels wird es sein, wenn wir uns im Licht des Königs Jesus wiedersehen werden in dem Zuhause, das er für uns vorbereitet hat:

„Und ich sah die heilige Stadt, das neue Jerusalem, aus dem Himmel von Gott herabkommen, bereitet wie eine für

ihren Mann geschmückte Braut. Und ich hörte eine laute Stimme vom Thron her sagen: Siehe, das Zelt Gottes bei den Menschen! Und er wird bei ihnen wohnen, und sie werden sein Volk sein, und Gott selbst wird bei ihnen sein, ihr Gott. Und er wird jede Träne von ihren Augen abwischen, und der Tod wird nicht mehr sein, noch Trauer noch Geschrei noch Schmerz wird mehr sein; denn das Erste ist vergangen. Und der, welcher auf dem Thron saß, sprach: Siehe, ich mache alles neu. Und er spricht: Schreibe! Denn diese Worte sind gewiss und wahrhaftig. Und er sprach zu mir: Es ist geschehen. Ich bin das Alpha und das Omega, der Anfang und das Ende. Ich will dem Dürstenden aus der Quelle des Wassers des Lebens geben umsonst. Wer überwindet, wird dies erben, und ich werde ihm Gott sein, und er wird mir Sohn sein.“
Offenbarung 21,2–7

Das Wunderbare an diesem Leben ist, dass alle Prüfungen einen Sinn haben. Wenn wir sie zulassen, lernen wir Geduld, und wir erlangen Reife und Hoffnung, die dazu führt, dass wir uns nicht zu schämen brauchen. Irgendwann werden alle, die Jesus lieben, ihn von Angesicht zu Angesicht sehen. Aber hier und jetzt spüre ich, dass Gott mir nahe ist und mich stärker tröstet, als je ein Mensch oder Besitz es tun könnten.

Seit Thomas' Tod musste ich und mussten wir als Familie mehr Prüfungen durchstehen als in all den Jahren zuvor, aber so viel steht fest: „Er lagert mich auf grünen Auen, er führt mich zu stillen Wassern“ (Psalm 23,2).

Nun haben meine Töchter und ich immer noch das Ziel, Menschen durch unsere Lieder zu ermutigen und mit Jesus bekannt zu machen.

Manchmal, wenn ich nachts in den Sternenhimmel blicke und über das Leben nachdenke, kommt mir eine Melodie in den Sinn. In letzter Zeit sind es die Zeilen aus einem Lied, das Debby geschrieben hat, und ich werde immer ermutigt, wenn ich sie singe: „Today is a new day, I'll leave my sorrow behind." („Dies ist ein neuer Tag, meine Trauer lasse ich hinter mir.")

Heute kann ich sagen, dass der Herr mir meine Trauer genommen und mir einen neuen Tag geschenkt hat. Ich lebe nicht mehr aus meiner eigenen Kraft, sondern aus dem Glauben – und ich erlebe immer wieder, dass die Bibel Recht hat, wenn sie sagt: „Jesus Christus ist derselbe gestern und heute und in Ewigkeit" (Hebräer 13,8).